최완규 교수의
마한 이야기

▌ 최완규

1955년 전북 익산 출생

원광대학교 사범대학 국사교육과를 졸업한 후, 동 대학원에서 「전북지방 백제토기 연구」로 석사학위를 받았고, 숭실대학교에서 「금강유역의 백제고분」으로 박사학위를 받았다. 대학 시절의 '경주고적발굴조사단' 실습생 훈련을 시작으로 평생 발굴조사와 연구활동에 힘을 기울이고 있다.

1993년부터 원광대학교 고고·미술사학과 교수로 재직하면서 많은 제자를 배출하였고 2021년 정년퇴임하였다. 마한·백제문화연구소의 상임연구위원과 소장으로 재임하면서 익산의 백제 유적 및 유물과 문헌 자료에 대한 심층 연구를 통하여 '익산 천도론'을 확립한 대표적인 연구자이다. 또한 2006년 〈익산역사유적지구〉 세계유산등재추진위원장을 맡아 익산지역 백제문화유산 세계유산 등재의 기틀을 마련하였다.

한편 익산 영등동 주구묘, 고창 봉덕리 분구묘, 익산 입점리와 웅포리 백제고분 등 다수의 유적 조사를 통하여 마한 백제문화의 고고학적 연구에 기여하였다. 특히 익산 쌍릉을 100년 만에 재조사하여 그 피장자를 백제 무왕으로 특정할 수 있게 됨으로써 '백제 무왕대 익산천도론'에 힘을 얻게 되었다. 최근에는 김제 벽골제와 정읍 고사부리성, 부안 백산성의 조사자료를 바탕으로 이들 유적간의 상호관계를 분석하여 '백제 중방성'의 복원 연구에 집중하고 있다.

주요 논문으로는 주구묘의 제문제, 호남지역 마한분묘의 유형과 전개, 마한 성립의 고고학적 일고찰, 백제 무왕대 익산 천도의 재해석, 백제 도성과 익산, 김제 벽골제와 백제 중방성 등 다수가 있다.

최완규 교수의 **마한 이야기**

초판발행일	2022년 11월 17일
지 은 이	최완규
발 행 인	김선경
책 임 편 집	김소라 · 이순하
발 행 처	서경문화사
	주소 : 서울시 종로구 이화장길 70-14(204호)
	전화 : 743-8203, 8205 / 팩스 : 743-8210
	메일 : sk8203@chol.com
신 고 번 호	제1994-000041호
ISBN	978-89-6062-247-0 03910

ⓒ 최완규 · 서경문화사, 2022

최완규 교수의
마한 이야기

최완규 지음

서경문화사

책머리에

돌이켜 보면 나는 운이 참 좋은 사람인 것 같다.

철없이 자유분방했던 내가 마한·백제 고고학을 공부하게 된 것은, 그 시점에 그 곳에서 도움을 받을 수 있었던 많은 분들과 고마운 인연이 있었기에 가능했을 것으로 생각된다.

무의미할 것만 같았던 대학생활에서 원광대학교 마한·백제문화연구소와의 인연은 자연스럽게 나를 이 분야에 대한 흥미를 갖게 해주었고, 대학 교수의 길을 걸을 수 있는 바탕이 되었다.

필자가 백제에 이어 마한에 본격적인 관심을 가지게 된 것은 익산 영등동에서 '주구묘'를 직접 조사한 이후, 이와 관련된 한 편의 논문 「주구묘의 제문제」를 발표하면서 시작되었다. 이후 일본에 두 차례 머물면서 야요이 분구묘와 마한 분구묘 비교를 통해 연구의 시각을 좀 더 넓힐 수 있는 계기가 되었다.

모두가 인지하듯 마한에 관한 연구는 문헌자료의 절대적인 빈곤으로 인하여 고고학 자료에 의존할 수밖에 없는 것이 현실이다. 그러나 다른 지역과 달리 익산지역은 문헌에서 고조선 준왕의 남천지로, 마한의 성립지로 기록되어 있다. 또한 많은 청동유물이 발견되었기 때문에 일찍부터 마한의 정치 문화의 중심지로 인식되어 왔다. 한편 영산강 유역을 중심으로 분포되어 있는 대형 옹관묘의 조사와 연구를 통해 백제와 다른 정치 문화적 실체, 곧 마한의 묘제로서 주목하면서 많은 연구가 진행되어왔다.

2000년대 들어 서해안 고속도로 건설구간의 유적조사는 마한 연구에 대한 새로운 전환점이 되었다. 당시 조사된 매장유적과 생활유적을 통해 마한문화의 정체성을 확인할 수 있게 되었다. 이후 경기, 충청, 전라지역에서 각종 고고학적인 조사를 통해 최근에는 마한의 실체에 접근할 수 있는 다양한 자료들이 축적되어가고 있다.

  이 책을 편찬하게 된 계기는 정년을 앞두고 필자 자신이 게으르지 않으려는 작은 약속에서 시작되었다. 그 약속으로, 『전북일보』에 1년여 동안 연재해 왔던 "최완규교수의 마한이야기"를 1부에 담았다. 그리고 『전라 천년사』에 게재한 마한의 성립과 발전과정, 그리고 백제 영역화 이후에도 지속되어 온 마한문화에 대한 논문을 수정 가필하여 2부에 담았다. 이를 통해 1부에서는 마한의 역사와 문화를 쉽게 접근할 수 있을 것이며, 2부에서는 고대 마한의 전체적인 흐름을 온전하게 이해할 수 있도록 하였다.

  마한, 우리 역사 속에서 크게 주목되지 못했던 600~700년간의 역사적 시간을 이해하는 데, 이 작은 책을 통해 좀 더 가까이 다가갈 수 있기를 소망해 본다.

  2022년 10월

  황방재에서 최완규

차례

제1부

○ ● ○

마한 이야기

마한의 실체를 찾아서

한국 고대사를 서술하는 데 있어서 가장 큰 약점은 당시의 문헌기록이 아주 소략하게 남아 있다는 점이다. 마한의 역사와 문화를 연구하는 데도 예외는 아니어서 『삼국사기』나 『삼국유사』에 매우 간략하게 기록되어 있기 때문에 대부분 중국측 사서의 기록에 의존할 수밖에 없다. 이와 같이 문헌자료의 부족한 부분을 보완하기 위하여 고고학 자료를 활용하여 당시의 사회와 문화를 재구성하게 된다. 따라서 필자는 마한에 대한 이야기를 펼쳐 나아감에 있어서 문헌자료도 활용하겠지만, 주로 고고학적인 자료를 인용하여 마한의 실체에 접근하도록 할 것이다.

마한의 공간적 범위는 경기·충청·전라지역을 아우르는 상당히 넓은 지역에 해당한다. 마한은 한강 이남에 자리잡고 있었던 진한·변한과 더불어 삼한사회를 구성하고 있었는데, 그 중 마한이 맹주로서 삼한사회의 리더급에 해당하는 정치적 위상을 점하고 있었던 것으로 알려져 있다. 중국측 역사서인 『삼국지』와 『후한서』를 보면 마한은 크고 작은 54개국으로 구성되었으며, 각국의 국명이 기록되어 있어 오늘날 지방자치단체의 정체성을 확립하는 데 매우 유용하게 활용되고 있기도 하다. 또한 이 두 사서에는 마한 사람들의 제천의식이나 풍습, 대외관계까지도 기술하고 있어 마한 연구에서 매우 중요한 단서를 마련해 주고 있다. 그런데 이러한 사서에는 마한이 언제 개국했으며 언제 멸망했는지에 대한 기록이 전혀 없다. 그렇기 때문에 마한의 성립 시기와 소멸 시기에 대해서는 학계에서 의견이 분분한 편이다.

　마한의 성립과 관련해서는 중국의 동북지방으로부터 철기문화의 유입을 계기로 새로운 정치체가 성립된 것으로 이해하고 문헌자료와의 비교를 통해 그 시기는 기원전 3세기경으로 보고 있다. 마한의 소멸시기에 대해서는 『일본서기』를 참조하여 369년에 근초고왕에 의해 백제에 복속된 것으로 보았다. 그러나 6세기까지 영산강유역에서는 마한 전통이 지속되고 있어 소멸에 대한 다양한 견해가 존재한다. 결국 마한은 한국 고대사에서 700~800여 년의 시간성을 갖는 매우 중요한 정치체임이 틀림없다.

마한 연구의 시각

한국 고대사에서 매우 중요한 의미를 차지하고 있는 마한에 대해서 문헌자료를 바탕으로 연구하는 시각은 크게 두 가지로 나뉜다. 첫째는 마한을 종족의 명칭이나 문화계통적인 의미로 보는 시각이며, 둘째는 지연적, 정치 사회적으로 통합된 정치체로 보는 관점에서 접근하고 있다.

전자의 관점에서 마한을 바라본 대표적인 연구자는 민족사학자인 단재 신채호 선생인데, 그는 「전후삼한고」(1925)와 「조선상고사」(1931)에서 삼한을 '전삼한'과 '후삼한'으로 구분하였다.[1] 이러한 전후 삼한의 구분은 고조선 준왕의 남쪽으로 이주 시점을 기준으로 삼고 있다. '전삼한'은 단군조선이 '신(眞)조선' '불(番)조선' '말(馬)조선'으로 분화한 것이며, 말조선을 제외한 위치는 중국의 요서와 요동에 걸쳐 있는 것으로 보았다. 또한 말조선은 한반도의 기자조선으로 마한의 전신으로 인식하고 있다. 결국 마한을 비롯한 한(韓)은 북쪽의 고조선을 구성하고 있던 종족으로 보고 있다는 점이며, 북에서 남으로 이동한 것으로 파악하고 있다. 한편 이병도는 준왕의 남천으로 비로소 남한지방에 한이라는 종족명이 등장하고 이것이 점차 확대되어 남한 전체를 한으로 부르게 되었다는 것이어서 신채호와는 약간의 차이를 보이고 있다.

후자의 관점은 지연적인 또는 사회적인 단위의 정치체로 보는 시각으로 최근

---

1 신채호, 1982, 「삼조선 분립시대」, 「조선상고사」, 진경환 주역, 인물연구소.

연구자들의 통설이 되고 있는데, 그 주된 내용은 마한을 비롯한 삼한을 소국연맹체로 인식하고 있다는 점이다. 이러한 근거는 『삼국지』나 『후한서』에서 고조선 준왕의 남천지를 '한지(韓地)'로 특정하고 있기 때문에[2] 한반도 남부에는 준왕의 남천 이전부터 한이 성립되어 있었고, 이것이 곧 마한이라는 것이다. 곧 북방에서 종족이 이동하여 한을 성립한 것이 아니라, 한반도 선주 토착 집단들의 점진적인 발전의 결과로 韓이 대두된다는 것이다. 이러한 견해를 바탕으로 한다면 한반도 중남부 지역에 넓게 퍼져 있는 청동기 문화를 바탕으로 한문화권이 형성되며, 한 소국들이 연맹체를 구성해 나가는 과정이 마한의 성립과 관련된다는 것이다.

---

2 『三國志』魏書 東夷傳 韓條 "侯準既僭號稱王, 爲燕亡人衛滿所攻奪 將其左右宮人走入海 居韓地 自號韓王 其後絕滅 今韓人猶有奉其祭祀者"
   『後漢書』東夷列傳 韓條 "初朝鮮王準爲衛滿所破 乃將其餘衆數千人走入海, 攻馬韓, 破之, 自立爲韓王, 準後絕滅, 馬韓人復自立爲辰王"

마한문화의 인식

요즘 박물관을 관람하다 보면 전시유물의 이해를 돕는 설명 패널과 유물 명패에서 어렵지 않게 '마한'이라는 단어를 찾아볼 수 있다. 그러나 나주에 자리하고 있는 국립박물관이 영산강유역의 마한문화를 정리하고 발굴조사에서 수집된 자료를 중심으로 건립된 박물관이라는 점은 격세지감마저 들게 한다. 사실 지금처럼 명쾌하게 역사적 정치체로서 마한이라는 명칭을 사용한 것은 그리 오랜 일이 아니다. 오늘날 시각에서 보면 영산강 유역의 마한문화를 대표적으로 상징하는 대형 옹관마저도 1990년대 초까지는 광주 박물관 전시유물의 명패에 「백제시대 5~6세기」라 쓰여 있을 정도였다. 그것은 90년대 초반까지 마한과 백제문화를 구분할 수 있는 학계의 연구가 미미한 수준의 현실을 그대로 방증하는 증거이기도 하다. 또한 마한은 백제에 의해 일시적으로 정복이 이루어진 것이 아니라 점진적으로 병합이 이루어졌기 때문에, 연구자들 사이에서는 마한과 백제의 관계를 대나무와 죽순에 비교될 정도로 두 정치체를 구분하는 데 어려움을 보여주는 단면이기도 하다.

1917년 일본인 학자 야쯔이에 의해 발굴조사가 이루어진 나주 신촌리 9호분에서 금동관모와 금동신발 등이 발견됨에 따라 이 지역에 많은 관심을 가지게 되었다. 곧 신공황후의 삼한정벌설에 심취했던 그는 무덤 주위에 들려진 도랑을 근거로 왜인의 무덤이라고 기록하고 있다. 1999년에는 국립문화재연구소 주관으로 재발굴조사가 이루어져 일인 학자들의 발굴에서 소홀히 다루었던 정보를 구체적으로 얻는 성과를 거두기도 하였다.

　마한문화의 정체성에 대한 구체적인 접근은 1970~80년대에 걸쳐 국립광주박물관의 설립과 호남지역 대학교에 고고학 관련 학과가 설립되면서 본격화되게 된다. 국립광주박물관과 각 대학 박물관이 주동이 되어 영산강유역의 영암과 나주일대의 대형 옹관고분에 대한 발굴조사가 체계적으로 이루어지면서 이 지역의 문화양상이 백제문화는 뚜렷이 구분되고 있음이 확인되었다. 이러한 조사를 바탕으로 영산강유역의 마한문화에 대한 관심이 높아졌고, 각 지방자치단체에서는 지역별로 역사문화의 정체성 확립을 위한 많은 노력이 이루어졌다.

　1990년대에 건설된 서해안고속도로 구간에 대한 문화유적 조사는 비로소 마한문화의 정체성을 좀 더 분명하게 인식하게 만드는 계기가 되었다. 곧 마한의 옛 영역에서 서해안을 따라서 이루어진 조사는 마치 마한 전역에 대한 샘플 조사와 같은 효과를 보여 백제문화와 구분되는 마한문화의 실체를 확인할 수 있게 되었다.

마한을 읽어준 서해안 고속도로

대규모 국토개발에 앞서 필수적으로 이루어지는 문화유적 조사는 많은 고고학적 자료를 생산하게 된다. 이렇게 얻어진 자료는 문헌에 기록되지 않았던 우리 선조들의 사회와 문화를 재구성하는 데 매우 유용한 기초적인 연구자료로 활용된다.

서해안고속도로는 전라남도 무안군 삼향읍을 기점으로 전남과 전북, 충남과 경기 등의 지역을 서해 연안을 따라 건설된 총연장 340.8km의 고속도로로서 1990년 12월에 착공하여 2001년 12월에 완공되었다. 우리나라의 대부분 고속도로의 명칭에서 알 수 있듯이 도시와 도시를 연결하고 있지만, 서해안고속도로는 서해안을 관통하는 지리적 명칭을 갖고 있다. 한반도 서해안 지역은 높은 산맥에 막힘없이 경기에서 전남 무안까지 내달릴 수 있는 노년기 지형으로 구성되어 있다. 따라서 서해안고속도로 건설 구간내 문화유적 조사는 마한의 옛 영역을 관통해서 이루어지는 샘플조사와 같은 의미가 있어서 마한의 역사와 문화를 파악하는 데 귀중한 기회가 되었다.

전북지역을 통과하는 총연장 77.5km에 대한 지표조사는 원광대학교 마한·백제문화연구소에서 1997년에 이루어졌는데, 무려 50개소에서 유물산포지가 확인되었다. 이를 바탕으로 전북지역의 각 대학 박물관과 국립전주박물관 등이 연합으로 발굴조사단을 구성하여 2~3년에 걸친 발굴조사가 이루어졌다. 조사결과 마한문화의 정체성에 대한 몇 가지 점에서 주목되는 결과들이 도출되었다.

먼저 분구묘(주구묘)로 대표되는 마한 분묘들이 서해안을 따라서 잇달아 발견되었다. 당시까지만 하더라도 매장주체부가 확인되지 않아 그 성격에 대한 많은 의문이 있었는데, 고창 성남리에서 주매장부로서 토광묘와 주구나 대상부에 옹관이 안치된 양상을 통해 혈연관계를 기본으로 축조된 분묘임을 알 수 있었다. 또한 개별 주구묘들이 또 다른 주구묘와 인접하거나 중첩되고 있어서 이후 대형 분구묘로 변화 발전하기 전 단계의 양상도 확인하게 되었다. 이러한 주구묘들의 평면 형태 및 속성이 각 지역마다 특징을 달리하고 있어서 54개국으로 구성된 마한 소국을 구별할 수 있는 기준으로 활용될 것으로 기대된다. 출토유물에서 과거에는 백제토기로 분류되었던 이중구연토기와 양이부호 등은 마한고유의 토기임이 밝혀져 마한과 백제문화를 구분하는 기준이 마련되었다. 특히 다량의 옥류가 부장되면서 마한인들은 금은보화보다 구슬이나 옥을 소중히 여겼다는 문헌기록을 뒷받침하고 있다.

마한의 상징 새모양 토기

고대 국가의 궁전이나 종교 건축에서 기둥이나 기와 등 각종 부재에 다양한 동물 모양으로 장식하여 권위나 신앙적 측면을 장엄하게 보이도록 한 예들을 살필 수 있다. 고고학적인 발굴조사를 통해서도 분묘나 생활유적에서 동물 모양의 유물들이 출토되는데 이를 통해서 당시 사람들의 사상이나 신앙적인 면을 엿볼 수 있게 한다. 대표적으로 고구려 고분벽화에 그려진 삼족오(三足烏)는 고구려인들의 세계관을, 가야 고분에서 출토된 오리모양 토기는 그들의 내세관을 알 수 있게 하는 귀중한 자료들이다.

마한의 분묘나 집자리에서도 새를 모티브로 만든 새모양 토기(鳥形土器)가 기원전후에서 5세기의 유적에 이르기까지 지속적으로 출토되고 있다. 이 토기는 분묘나 집자리에서 출토되는 예에서 보면 형태상에서 별다른 차이를 보이고 있지 않아 일상용과 매장용으로 구분해서 특별히 제작되지 않은 것으로 보인다. 이와 같이 마한 전시기를 통해 새모양 토기가 상징적인 의례용으로 사용되고 있었음을 알 수 있어서 마한을 상징하는 유물로 평가되고 있다.

새모양 토기의 형태를 보면 새의 부리에 해당하는 곳은 물을 따르는 주구(注口)로 새의 등 위에는 물을 채우는 주입구(注入口)로서 작게 돌출되었다. 주구의 반대편에는 약간 치켜세워 올려 좌우 대칭처럼 보이나 실제적으로는 손잡이 기능을 한 것으로 생각된다. 내부에는 빈 공간을 마련하여 물이나 술 같은 유체를 채울 수 있도록 제작되었다. 이른 시기의 것들은 새의 모양에 충실하고 있으나

상 익산 간촌리 출토 새모양 토기
하 청동기시대 농경문 청동기

점차 오늘날 주전자 형태로 변화되는 것을 살필 수 있다.

보물 1823호로 지정된 '농경문청동기'는 따비와 같은 농기구를 이용하여 땅을 일구는 청동기 시대의 농경의 모습을 사실적으로 묘사하고 있는 중요한 유물이다. 이 유물의 뒷면에는 좌우에 나뭇가지 위에 새가 앉아 있는 모습을 새기고 있다. 고대사회에서 새는 하늘과 인간을 연결해 주는 매개자로서 신성한 의미를 담고 있으며, 또한 새는 씨앗을 가져다주는 곡령으로서 의미뿐만 아니라 농사의 풍요까지도 지켜주는 신성한 존재로 묘사하고 있는 것이다.

마한의 솟대 위에는 새 장식을 올려놓아 하늘과 인간세계를 매개하는 존재로 새를 인식하고 있었다.[3] 마한 사람들은 한반도 서해안 일대에 자리잡고 농경을 생업경제 기반으로 생활을 영위해 오면서 수확의 풍요로움을 내려준 하늘에 감사하는 소박함을 새모양 토기에서 읽을 수 있다.

---

3 홍윤식, 1988, 「마한 소도 신앙영역에서의 백제불교의 수용」, 『마한·백제문화』 제11집, 원광대학교 마한·백제문화연구소.

마한 사람들의 유별난 옥(玉) 사랑

『삼국지』「위서 동이전 한조」에 "마한 사람들은 구슬을 귀하게 여겨 옷에 꿰매어 장식하거나 목이나 귀에 매달기도 하지만, 금과 은을 보배로 여기지 않는다."라 기록하고 있다. 고고학 발굴을 통해서 보면 마한유적 가운데 특히 분묘유적에서 다량의 옥이 부장되어 있기 때문에 문헌기록의 내용을 뒷받침하고 있다. 마한 사람들은 평소에 옥으로 장식된 화려한 옷과 옥으로 몸치장을 했을 뿐만 아니라 심지어 죽은 후에도 부장해 주었으니 마한 사람들의 옥에 대한 유별난 사랑을 읽을 수 있다.

기원전 2세기 마한 성립기로 추정되는 부여 합송리 유적 적석목관묘에서 철기와 공반되어 대롱옥이 한반도에서 처음 발견되었기 때문에 옥은 중국에서 철기와 함께 들어온 것으로 알려져 있다.[4] 이후 동시대의 완주 갈동과 신풍리에서 납바륨 유리인 관옥, 벽옥, 환옥이 출토되었고, 최근에는 출토 예가 급증하고 있다.

또한 마한 전기에 해당하는 주구묘 단계에서 백제 영역화 이후 축조된 후기의 대형 분구묘에 이르기까지 지속적으로 다량의 옥이 부장되고 있어서 마한 전시기를 통해 전통적으로 옥을 매우 중시하고 있음이 확인된다. 대표적인 유적을 소개하면 3~4세기 무렵 고창지역의 만동유적과 남산리 분구묘에서는 다

---

4 이건무, 1990, 「부여 합송리유적 출토일괄유물」, 『고고학지』 제2집, 한국고고미술연구소.

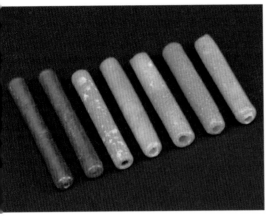

좌 부여 합송리 출토 대롱옥
우 완주 상운리 출토 각종 옥

량의 옥이 발견되었다. 5세기를 중심연대로 하는 완주 상운리 마한 분구묘에서
는 전체 160기의 매장시설의 46%에 해당하는 74기의 매장시설에서 6,000여 점
의 옥이 출토되었다. 마한문화의 전통이 백제 영역화 이후까지 지속된 영산강
유역에서도 동일한 양상을 보이고 있는데, 5세기 무렵의 대형 분구묘인 나주 신
촌리 9호분에서 2,700여 점, 정촌 고분에서 1,117여 점의 옥이 부장되어 있어
상상을 초월하는 마한 사람들의 옥에 대한 관심을 확인할 수 있다.

옥을 만든 재료는 수정, 마노, 호박, 돌, 흙 등 광물질과 유리를 이용하고 있
는데, 유리제품은 적색, 녹색, 황색. 주황색, 무색 등 다양한 색깔을 띠고 있다.
한편 그 형태에 따라 둥근 옥, 대롱 옥, 굽은 옥, 대추모양 옥 등 다양한 모양을
하고 있다. 옥을 제작하는 기술은 첫째, 틀에 찍어내는 방법, 둘째, 유리 용액에
봉을 사용하여 감아 말아 만드는 방법, 셋째, 유리를 불어서 유리관을 만든 후
잘라 만드는 방법으로 나눌 수 있다.

한편 익산 송학동 마한 집자리 유적에서는 거푸집이 수습되어 실제 생활에서
옥을 제작하여 사용하고 있음을 확인하였다. 이 거푸집은 연질의 토제품이며

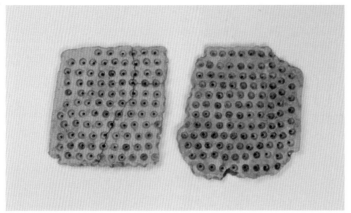
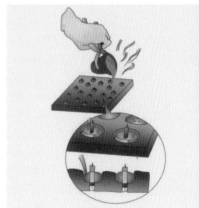

좌 익산 송학동 출토 옥 거푸집
우 옥의 제조과정

평면형태는 방형에 가깝고 상면은 볼록하고 뒷면은 약간 오목한 편이다. 상면에는 테두리를 제외하고 직경 0.3cm의 원공이 0.2cm의 간격으로 열을 지어 조밀하게 배치되어 있고 그 중앙에는 0.1cm 미만의 구멍이 관통되어 있다. 그 내부에서는 옥 찌꺼기가 일부 남아 있어 옥을 녹여 찍어냈던 흔적을 확인할 수 있었다.

마한의 집자리

서해안고속도로 건설구간 내의 발굴조사를 통하여 마한 분묘유적의 정체성을 확인할 수 있었을 뿐만 아니라 마한 사람들의 집자리에 대한 구체적인 정보도 얻을 수 있었다. 고고학 연구에서 죽음의 공간인 분묘와 삶의 공간인 집자리는 매우 중요한 대상이 되고 있다. 그것은 분묘를 통해서 축조 집단의 계통을 살필 수 있고, 집자리를 통해서는 당시의 자연환경이나 기후, 그리고 생업경제와 밀접한 관계를 파악할 수 있기 때문이다.

오늘날 시골의 자연부락에서 볼 수 있듯이 당시 마한 사람들도 삶의 터전인 취락에서 그리 멀지 않은 곳에 집단적으로 분묘를 축조하고 있어 삶과 죽음의 끈끈한 연결 고리 속에서 살았을 것으로 추측된다. 그것은 아마 한 곳에 오랫동안 정착하면서 농업을 주 생업으로 삼았던 마한 사람들의 혈연 중심적인 사회적 현상이 반영되고 있는 것으로 볼 수 있다.

먼저 마한 사람들이 선호했던 집자리의 위치는 낮은 구릉의 남동쪽의 사면을 선택하여 취락을 형성하고 있었고, 유구의 중첩이 이루어진 곳도 많아 오랜 기간 동안 정착생활을 영위했던 것으로 보인다. 집자리는 대부분 나지막하게 기반토를 판 소위 움집형태인데, 청동기시대 집자리에 비해 현저히 낮게 파서 축조하고 있는 차이를 보이고 있다. 구릉의 사면을 파서 집자리를 축조하고 있기 때문에 발굴조사에서는 높은 쪽의 벽면은 잘 남아 있는 반면에 낮은 쪽의 벽면은 유실된 경우가 많았다.

상 고창 남산리 집자리 전경
하 고창 남산리 집자리 세부 모습

고창 남산리 출토 각종 토기류

    마한 집자리의 평면형태는 방형이 대부분이며 한쪽 벽에 입구처럼 돌출된 예
도 있다. 그 규모는 소형에서 대형까지 다양하지만, 평균적으로 각 변이 5×7m
정도로서 4~5인이 거주할 수 있는 공간이 마련되었다. 한편 한 변이 11m이상
되는 대형도 발견되는데 이는 공동의 집회장소로 활용되었을 것으로 추정되고
있다.

    내부시설 가운데 눈에 띄는 것은 네 벽의 하부를 따라서 도랑을 두르고 밖으
로 출구를 두고 있는데, 이는 집 내부의 습기를 배출하기 위한 시설이다. 또한
지붕을 결구하기 위해서 내부에는 기둥을 세웠던 구덩이가 노출되기도 하는데,
방형을 이루고 설치된 네 개의 기둥을 세웠던 방식은 마한 특유의 구조로서 알

려져 있다. 취사시설과 관련된 부엌자리는 한쪽 벽에 붙여 시설되어 있고, 솥을 받칠 수 있도록 장란형토기를 뒤엎어서 두 개를 세운 받침이 발견되고 있다. 때로는 부엌 아궁이 턱받침 토제품이 발견되기도 한다.

마한 집자리에서 출토되는 유물은 주로 생활용 토기로서 귀때토기나 장란형토기, 시루, 단경호, 이중구연토기 등 다양한 기종이 발견되고 있다.

마한의 풍속

풍속의 사전적 의미는 "옛날부터 그 사회에 행하여 온 사람의 생활 전방에 걸친 습관"이라 정의되어 있다. 한 사회 속에서 전해오는 습관이란 종족이나 국가라는 틀 속에서 공동체적인 행위를 통해 생성된 것으로 이해할 수 있는 것이며, 그에 의해서 개인은 공동체에 귀속될 수밖에 없는 것이다. 따라서 풍속은 한 사회의 모습을 잘 나타내 주는 다양한 색깔과도 같은 것이라 할 수 있다.

마한의 풍속에 대한 기록은 매우 소략하지만 중국측 사서인 『삼국지』나 『후한서』에 대동소이한 내용으로 기록되어 있다. 또한 고고학적인 자료를 통해서 마한 풍속에 대한 기록을 확인할 수 있기도 하지만 그 모습을 유추할 수 있기도 하다.

먼저 일상생활에서 풍속을 살펴보면 "기강이 흐려서 각 나라의 도읍에는 비록 우두머리(主帥)가 있지만 읍락에 뒤섞여 살기 때문에 제대로 다스리지 못했다. 무릎을 굽혀 인사하는 예가 없다.[5]"라고 기록되어 있다. 이러한 사실은 마한의 집자리 발굴조사를 통해서 보면 대규모의 취락에서 개별 집자리의 규모는 균등한 편이며, 특히 그 가운데에서 뚜렷하게 규모가 커서 지배자의 거처라 할 만한 것은 확인되지 않는다. 또한 출토유물을 보더라도 특정 집자리에서 뚜렷이 구별되는 권위의 상징인 위세품도 발견되지 않기 때문에 집단 내에서 서

---

5 『三國志』魏書東夷傳 韓條 "其俗少綱紀 國邑雖有主帥 邑落雜居 不能善相制御 無跪拜之禮"

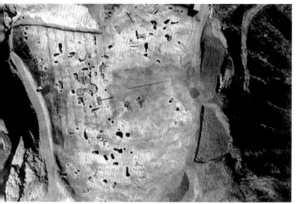

좌 공주 장선리 토실유적 전경
우 공주 장선리 토실 세부

열화의 증거는 보이지 않는다. 이러한 현상은 중국인의 눈에 비친 기록처럼 마한사회가 예의가 없고 무질서한 사회라기보다는 마한 사회의 특징에서 찾아야 할 것이다. 곧 농경을 생업으로 하는 혈연중심의 사회였기 때문에 지배와 피지배 관계라기보다는 서로 협동이 필요한 평등한 공동체 사회의 특징으로 볼 수 있다.

또한 "거처는 초가에 토실을 만들어 사는데, 그 모양은 마치 무덤과 같았으며 그 문은 윗부분에 있다. 온 집안 식구가 함께 살며 장유와 남녀의 구별이 없다.[6]"

이와 관련하여 고고학적인 발굴조사를 통해 많은 수의 구덩이 유구가 군집을 이루고 발견되고 있는데, 입구는 원형과 방형이 주를 이루고 그 폭은 1~2m이

---

6 위의 책 "居處作草屋土室 形如塚 其戶在上 擧家共在中 無長幼男女之別"

공주 장선리 토실 출토 토기

며, 깊이는 2~3m로서 다양하다. 특히 2001년 사적 제433호로 지정된 공주 장선리 토실유적에서 39기가 발견되어 마한의 집자리 구조에 대한 논쟁이 촉발되었다.

그러나 이곳에서 출토되는 생활용 토기와 문헌기록을 토대로 마한인의 거처인 토실이라는 결론에 접근되고 있다. 전북지역에서는 익산 왕궁 사덕유적에서 마한에서 백제시대에 걸치는 집자리 105기와 토실유구 124기가 발견되기도 하였다. 그러나 이러한 토실은 계절적인 필요에 의해서 사용되었던 주거시설이었을 가능성을 배제할 수 없다.

마한의 장제(葬制)문화

인간에게 죽음이란 경험해 보지 못한 미지의 세계이기 때문에 그에 대한 두려움을 영혼불멸 사상으로 승화하여 영혼은 또 다른 세계로 지속된다고 믿어 왔다. 그렇기 때문에 죽은 후에 영혼의 안식처가 되는 무덤의 축조에는 당시 사회생활의 특성이 잘 반영되어 있다. 특히 인간의 생각이나 풍습 등을 바탕으로 묘제나 장제가 형성되기 때문에 전통성과 보수성이 매우 강한 고고학 유적으로서 의미가 있는 것이다.

『삼국지』「위서 동이전 한조」에 마한 장례 풍속의 한 단면을 기록하고 있는데, 그 내용을 보면 "그들의 장례에는 관(棺)은 있으나 곽(槨)은 사용하지 않는다. 소나 말을 탈 줄 모르기 때문에 소나 말은 모두 장례용으로 써버린다."는 것이다. 일반적으로 관은 시신을 매장하기 위해 담는 용기로 사용되는 널이며, 곽은 관을 보호하기 위해 덧싸는 덧널을 일컫는다.

중국의 고대문헌인『장자(莊子)·잡편(雜篇)』에 보면 천자는 관곽을 일곱 겹으로, 제후는 다섯 겹, 대부는 세 겹, 선비는 두 겹으로 사용하도록 규정하고 있다. 곧 신분이나 계층에 따라 관곽의 중첩 사용에 제한을 두고 있음을 알 수 있다. 이러한 중국의 관곽제도는 묘장제도에 있어서 매우 중요한 의미를 가지고 있는데, 상(商)·주(周)시대를 거쳐 춘추시대에 등급이 분명한 제도로 정착되었다. 이후 전국시대의 혼란기를 거치면서 관곽제도는 쇠퇴해 간 것으로 알려져 있다.

목관이 사용되었던 토광묘 유적은 만경강유역을 중심으로 익산지역과 완주·

전주 일대에 집중적으로 분포되어 있는데,[7] 마한을 성립한 집단에 의해 축조된 것이다. 특히 익산지역의 토광묘 유적은 고조선 준왕이 이주해 왔다는 문헌기록을 확인해 주고 있다. 이러한 묘제는 중국의 동북지방에서 철기문화를 가지고 들어온 집단에 의해 새롭게 축조된 것으로 이해되고 있다. 이곳에서 출토되는 유물은 점토대토기와 흑도장경호, 그리고 세형동검이나 동경을 세트로 하는 특징을 가지고 있다. 특히 토광묘의 발굴과정에서 확인된 매몰토 단면 토층을 통해 무목관, 목관, 목곽, 통나무 목관 등이 사용되었던 흔적이 발견되고 있어서『삼국지』에 기록된 내용을 뒷받침하고 있다.

진한이나 변한지역에서는 시간의 흐름에 따라 토광묘 내부구조가 변화되는데, 곧 목관 단계에서 목곽을 사용하는 단계로 발전해 가는 양상을 띠고 있다. 토광 내에 목곽의 등장은 진·변한 사회에 지배 계층의 출현과 관련된 증거로서 사회의 발전의 척도로 해석되고 있다. 한편 마한 사회에서는 토광묘 다음 단계에 유행하는 대표적인 묘제로서 주구묘(분구묘)를 들 수 있는데, 역시 주매장

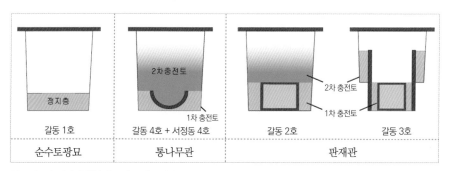

완주 갈동유적에서 확인된 토광묘 내부시설

---

7 한수영, 2011,「만경강유역의 점토대토기문화기 목관묘 연구」,『호남고고학보』39, 호남고고학회.

주체부는 주로 토광을 채용하고 있지만, 목곽은 거의 발견되지 않고 있다. 이와 같이 삼한사회에서는 토광묘라는 공통적인 묘제를 채용하고 있었지만 내부구조의 변화과정에서 보이는 차이점은 곧 마한과 진·변한의 문화적 특징을 보여주고 있는 것이다.

마한의 제사

농경을 생업경제의 근본으로 삼았던 고대사회에서는 농경에 직간접으로 영향을 미치는 비, 바람, 햇볕 등 자연현상에 대한 외경심이 매우 강했음은 짐작되고도 남는다. 또한 씨앗을 뿌리거나 추수의 결과에 대해서도 인간의 의지보다는 하늘의 뜻에 의하여 좌우된다고 믿어왔을 것이다. 이러한 믿음은 농경을 주제하는 천신에 대한 제사의식으로 나타나 하나의 신앙형태로 자리잡게 되었다.

『삼국지』 위서 동이전 한조에 "해마다 5월 씨앗을 뿌리고 나면 귀신에 제사를 지내고, 떼를 지어 모여 밤낮을 가리지 않고 술을 마시며 노래와 춤으로 즐겼다. 그들의 춤은 수십 명이 뒤를 따라가며 땅을 밟고 구부렸다 폈다 하면서 손과 발로 장단을 맞추는데 흡사 중국의 탁무와 같았다. 10월에 농사일을 마치고 나서 또 다시 이렇게 한다"라 기록되어 있다.

농경과 관련된 의례 중, 고구려에서는 10월에 하늘에 제사지내는 국중대회가 있었는데 '동맹(東盟)'이라 하였고, 동예에서도 10월에 밤낮으로 술마시고 노래하며 즐기는 '무천(舞天)'과 부여의 '영고(迎鼓)' 등이다. 이를 통해서 보면, 봄철 씨앗을 뿌린 후 지내는 제사보다 10월에 수확과 더불어 행해지는 제사가 국가적으로 행해지는 대규모의 의식이었음을 알 수 있다. 곧 5월 파종 뒤 행해지는 제사는 소규모 집단인 읍락별로, 10월의 수확제는 국읍의 천군에 의해 진행되는 국가적 제사였음을 추정할 수 있다.

이와 관련하여 주목되는 기사로는 "귀신을 섬기는데 국읍에는 각 한사람을

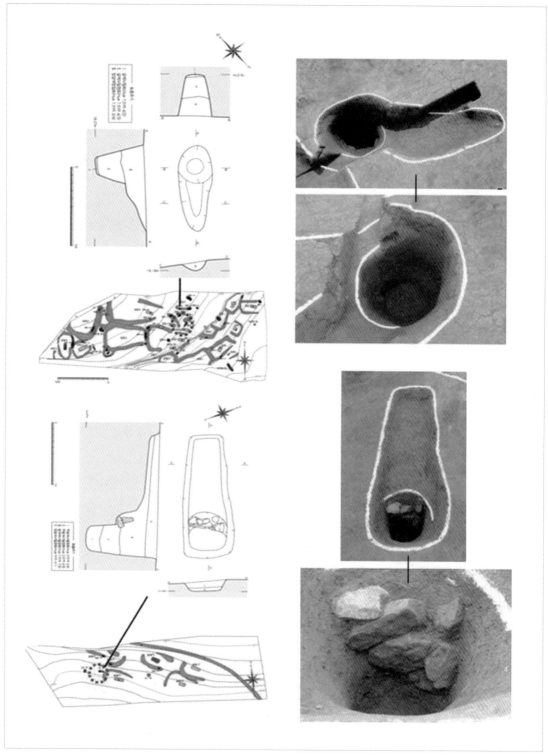

마한유적에서 발견되는 '입대목' 흔적들

세워서 천신의 제사를 주관하게 하는데 이를 '천군'이라 한다. 또한 각 나라에는 별읍이 있는데 이를 '소도'라 하며, 그곳에는 큰 나무를 세우고 방울과 북을 매달아 귀신을 섬긴다. 그 지역으로 도망 온 사람은 누구든 돌려보내지 않아서 도둑질을 좋아하게 되었다"이다.

민속학적 연구에 의하면 소도는 제의가 행해지는 신성지역, 또는 읍락의 원시 경계표시라고도 하며, 오늘날에도 솟대신앙으로 전해 내려오고 있다. 한편 마한의 성립과 관련 새로운 물질문화인 철기문화는 기존의 청동기문화와 충돌이 불가피했을 것인데, 소도는 이러한 충돌을 완충시키는 역할을 했을 것이란 견해도 있다.

최근에는 "큰 나무를 세웠다(立大木)"는 앞의 기록과 관련있는 고고학적 자료들이 나오고 있어 주목된다. 초기철기시대 유적에서 발견되는 청동방울, 청동거울, 간두령 등은 '입대목'의 존재를 기원전 2~3세기까지 소급할 수 있는 자료들이다. 곧 '입대목'은 마한의 성립과 함께 생겨난 제의형태로 볼 수 있는 것이다. 4세기 이후의 마한 분구묘나 집자리에서도 큰 나무를 세웠던 기둥자리가 발견되고 있어 삶과 죽음의 공간에서 이 의례가 지속적으로 행해졌음을 알 수 있다.[8] '입대목'은 하늘과 인간, 그리고 땅을 연결하는 중요한 매개체로서 농경을 천하의 근본으로 여기며 살아왔던 마한인의 세계관을 읽을 수 있는 것이다.

---

8 한옥민, 2020, 「고분자료에 보이는 마한 입주의례 성격」, 『호남고고학보』 66, 호남고고학회.

마한성립 전야(前夜)의 고고학 증거

인류가 남긴 인위적인 구조물이나 도구들은 당시 문화와 사회상을 파악하는 데 중요한 고고학적 자료들이다. 그 가운데 무덤유적은 전통성과 지속성이 강하기 때문에 이를 통해 종족 집단의 출자나 성격을 파악하는 데 매우 유용하게 활용되고 있다. 곧 새로운 묘제가 갑자기 출현하는 것은 집단의 이동을 의미하거나 강력한 문화적 영향을 가정할 수 있지만, 대부분 전자에 해당하는 경우가 많다.

만경강 유역의 익산과 전주·완주지역에서 점토대토기와 흑도장경호, 세형동검과 동경, 그리고 철기가 부장된 토광묘가 집단을 이루고 발견되었다. 그런데 이러한 토광묘는 청동기시대의 묘제와는 전혀 다른 것으로 철기문화의 유입과 더불어 새로이 축조된 묘제로 이해되고 있다. 이 묘제는 중국의 동북지방이나 한반도 서북지방에서 이주해온 집단에 의해 축조된 것으로 파악되고 있으며, 마한 성립의 주체세력으로 보는 것이 보편적인 시각이다.

마한 성립의 주체인 토광묘 집단은 만경강 유역에 갑자기 안착한 것이 아니라, 그 이전에 마중물 역할을 했을 것으로 추정되는 집단들의 흔적들이 속속 들어나고 있다. 이러한 선행적 집단에 의해 축조된 묘제는 토광묘를 기본 속성으로 하지만 내부에 목관을 안치하고 이를 돌로써 둘러싼 소위 '적석목관묘'의 구조를 가지고 있어 차이를 보이고 있다. 그러나 부장된 유물에서 보면 점토대토기나 세형동검을 비롯해서 토광묘의 출토유물과 성격을 같이하고 있기 때문에 출자가 동일한 집단임을 알 수 있다.

좌 군산 선제리 적석목관묘
우 군산 선제리 적석목관묘 출토 일괄유물

    적석목관묘는 한반도 서해안 일대의 경기 충청 전라지역에서 산발적으로 발견되고 있는데, 만경강유역의 토광묘처럼 군집을 이루지 않고 대부분 1기~2기 정도 분포하고 있다. 주목되는 것은 이 분묘에서는 세형동검이 다수 부장되고, 특히 기원전 4세기경에 해당하는 나팔형동기, 방패형동기, 검파형동기와 더불어 팔주령, 동경, 간두령 등 의기와 관련된 유물이 발견된다는 점이다. 곧 적석목관묘의 피장자는 종교적 제의를 주관하는 오늘날 사제와 같은 역할을 했던 사람으로 추정할 수 있다.

    이러한 적석목관묘의 분포 의미는 만경강유역에 토광묘가 본격적으로 들어오기 이전에 선행적으로 들어온 집단으로서 청동기를 비롯한 문물을 분배해 주고, 제의를 주관함으로써 세력화와 집단화를 꾀했을 것으로 추정된다. 그러나 전통성이 강한 지석묘와 송국리 묘제 영역에서는 강한 배타성이 작용했을 것으로 세력화를 꾀하지 못했을 것이다. 따라서 적석목관묘를 축조한 피장자는 풍부한 제의적인 청동기를 소유하고 있음에도 불구하고 수장으로서의 자리매김되지는 않았던 것이다. 다만 기층 송국리문화나 지석묘 사회와는 차별되는 제의 주관자로서 이후 토광묘 축조인들이 집단으로 이주해 올 수 있는 정보나 기회를 제공했을 것으로 추정된다.

마한의 본향 만경강유역

전라북도의 서북부에 자리잡고 있는 만경강유역은 '마한의 본향'이라 일컬을 만큼 마한의 성립이나 성장과 관련된 많은 유적이 밀집되어 있는 지역이다. 이 지역은 북쪽에는 익산 미륵산과 남쪽으로는 김제 모악산을 경계로 하고 동쪽에는 노령산맥이 막아주는 분지와 같은 지형이지만, 서쪽으로는 지평선이 보일만큼 널따란 평야가 펼쳐져 있다. 이러한 지형과 그 중앙에 흐르는 만경강의 풍부한 수량을 더해 농경을 영위하기에 천혜의 지역임은 주지의 사실이다.

만경강의 북쪽 익산지역은 일찍이 문헌이나 고고학적 자료를 근거로 마한의 고도라 인식되어 왔지만, 금강유역 문화권역에 포함하여 논의가 이루어져 왔

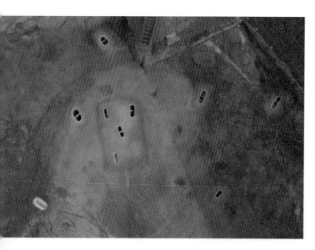

완주 갈동 토광묘유적 전경

다. 그러나 익산지역의 대부분 유적들은 실제로 금강이 아니라 만경강 수계에 위치하고 있으며, 자료가 증가함에 따라 금강유역과는 다른 문화적 양상을 보이고 있기 때문에 만경강문화권역을 설정할 수 있게 되었다. 만경강 남쪽의 전주·완주·김제 지역에서 마한 관련 유적들이 집중적으로 발견된 것은 2000년대 이후의 일

좌 완주 원장동 출토 청동거울
우 완주 원장동 출토 청동유물

이다. 특히 전주 혁신도시 건설과정에서 완주 갈동유적 발견 이후 마한 성립을 뒷받침하는 토광묘 유적들이 130여 기 이상 봇물 터지듯 잇달아 확인되었다.

완주 갈동유적은 2003년과 2007년 두 차례에 걸쳐 전주 혁신도시를 관통하는 서부우회도로 개설과정에서 17기의 토광묘가 확인되었다.[9] 이후 갈동과 인접한 덕동유적에서 5기의 토광묘에서 조문경과 세문경, 동과 등이 출토되었고, 원장동 유적에서는 5기의 토광묘 가운데 1호분에서 세형동검 5점과 세문경 2점이 확인되어 이 지역 단일 유구 가운데 가장 많은 청동유물이 출토되어 주목되고 있다. 2011년에는 국내 최대 규모의 밀집도를 보이는 신풍유적에서는 81기의 토광묘가 확인되었고 각각의 분묘에서 점토대토기, 흑도장경호, 세형동검, 동경, 철기류가 발견되었다.

이외에도 혁신도시의 유적들보다 위계가 낮은 것으로 추정되는 소규모의 토

---

9 (재)호남문화재연구원, 2005, 『완주 갈동유적』.
　　　　　　　　　　　　, 2009, 『완주 갈동유적(II)』.

광묘들이 전주 중인동에서 9기, 전주 중화산동에서 15기가 확인되었다.

한편 군집을 이루고 축조된 토광묘 유적과 동일한 공간 내에서 발견되고 있는 구상유구에서는 원형점토대토기와 제의와 관련되는 두형토기가 파쇄되어 공반되고 있다. 두형토기가 토광묘에서는 부장되지 않고 있기 때문에 장송의례와 다른 형태의 제의 의례가 구상유구를 중심으로 행해졌음을 알 수 있다. 이는 후대의 문헌기록을 통해서도 마한사회의 제의의례를 유추할 수 있다. 구상유구에서 보이는 제의 행위는 변화 발전되어 왔을 것인데 하늘에 지내는 제사를 주관하는 천군과 같은 존재는 농경사회에서 파종기와 수확기에 귀신에 제사를 주관하는 자와는 격이 매우 달랐을 것으로 보인다. 곧 천군은 당시 사회통합의 리더로서 마한 사회의 정치적 종교적으로 중요한 위치에 있었을 것임은 쉽게 짐작할 수 있다.

이와 같이 만경강유역에서 확인되고 있는 철기문화를 바탕으로 새롭게 전개된 토광묘라는 묘제와 제의 관련 유구에서 이 지역이 B.C. 3세기를 전후한 시기에 마한의 성립지, 곧 "마한의 본향"이라고 말할 수 있다.

보물을 품은 완주 갈동유적

2003년 필자는 마한과 일본 야요이(弥生) 분구묘에 대한 비교연구를 위해 일본 리쯔메이칸(立命館) 대학에 머물고 있었다. 그 해 여름 일본 언론을 통해 완주 갈동에서 출토된 세형동검의 거푸집에 대한 주요기사를 접하면서 흥분했던 기억이 새롭다. 세형동검은 한국식 동검이라 불리는 한반도 후기 청동기시대를 대표하는 유물로서, 중국 동북지방과 일본 구주지역에서도 폭넓게 발견되고 있다. 그렇기 때문에 세형동검의 생산을 직접적으로 증명해 주는 거푸집이 정확한 유구에서 발견되었으니 국내외의 많은 연구자들에게 관심을 끌기에 충분한 것이었다.

완주 갈동유적은 전주시 관내 국도 대체 우회도로 개설구간에서 발견된 것으로 2003년 1차 조사에서 토광묘 4기와 제의유적 1기, 2007년 2차 조사에서 토광묘 7기와 제의유적 3기가 확인되었다. 이들 유적에서는 세형동검과 청동거울을 비롯한 청동유물, 철기류, 그리고 점토대토기와 흑도장경호 등이 출토됨에 따라 전주·완주 지역에서 마한 성립기 유적의 존재를

완주 갈동 거푸집 출토상태

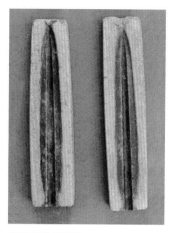
새형동검의 거푸집

처음으로 알려준 계기가 되었다.

거푸집은 갈동 1호 토광묘의 남쪽 단벽에서 세워져 노출되었고, 길이 32~33.1cm, 폭 3.2cm이며 활석계 석재로 제작되었다. 이 거푸집은 동검과 동과를 제작하는 데 사용한 것으로 2매를 한 쌍으로 하는 합범(合范)인데, 한 점은 한쪽 면에만 동검의 거푸집을 새겼고, 다른 한 점은 동검과 동과의 형태를 각각 양면에 새겼다. 그것은 동과를 만들었던 거푸집의 1매가 파손된 후 나머지 1매를 재사용하여 세형동검의 거푸집으로 재사용한 결과를 볼 수 있다.

갈동유적 조사 이전에 국내에서 확인된 청동제품 생산을 위한 거푸집은 평양 장천리, 용인 초부리, 전남 영암 등인데, 모두 신고품이거나 출토지가 불분명하다는 점에서 학술적인 가치가 결여되고 있었다. 그렇기 때문에 갈동 출토 거푸집은 출토 지점과 출토 정황을 정확하게 알 수 있는 거의 유일한 사례라는 점에서 자료의 진실성은 다른 거푸집들과 비교하기 어렵다. 또한 보존 상태가 매우 양호하여 당시 사회의 청동기 주조기술을 보여주는 데도 탁월한 가치를 지니고 있다. 나아가 부장양상뿐만 아니라 당시 청동기를 제작했던 장인의 위계를 추정할 수 있는 단서가 된다는 점에서 학술적으로 매우 중요한 자료로 평가되고 있다. 이와 같은 중요성이 인정되어 2019년 6월 보물 제 2033호로 지정되었다.

이 유적은 도로부지에 대한 조사만이 이루어졌기 때문에 유적 범위는 이보다 훨씬 너른 범위였을 것으로 추정된다. 현재 일부는 경작지로 혹은 나대지로 남아 있기 때문에 유적의 중요성을 감안하여 각별한 보호대책도 요망된다.

마한 성립기의 대외교류

마한은 기원전 3~2세기경에 익산을 중심으로 만경강유역에서 철기문화를 바탕으로 성립되었음이 문헌과 고고학적인 자료에서 확인되고 있다. 이 무렵 중국 중원지방에서는 진나라가 패권을 잡았던 전국시대가 끝나고 오늘날 중화민족 정체성의 근간이 되는 한나라가 유방에 의해 서안지역 일대에 건국되었다. 그런데 한강 이남의 대표적인 정치체인 마한이 성립, 성장하는 시기에 중국 중원의 한나라와 교류의 증거들이 발견되고 있어 두 중심 지역 간의 교류를 살필 수 있게 된다.

『삼국지』 위서 동이전 진한조에 보면, "진한은 마한 동쪽에 위치하고 있는데, 노인들이 대대로 전하여 말하기를 '우리들은 옛날 진나라의 고역을 피하여 한(韓)국으로 왔는데, 마한이 동쪽 땅을 분할하여 우리에게 주었다' 그들의 말은 마한과 다르다 …(후략)"라고 적고 있다. 또한 한조에는 "후한(後漢)의 환제·영제 말기에는 한(韓)과 예(濊)가 강성하여 한(漢)의 군현이 제대로 통제가 되지 않아 군현의 백성들이 한(韓)으로 유입되었다"라 적고 있다. 이 기록을 통해 중국 전국시대부터 한나라에 이르기까지 많은 유이민들이 마한 지역으로 이주해 왔으며, 간접적으로는 교류가 있었음을 추정할 수 있는데, 고고학적인 유물에서도 교류의 흔적을 찾을 수 있다.

1975년, 전주에서 김제로 넘어가는 도로변 완주군 상림리(현 전주시 완산구 상림동)에서 묘목을 캐다가 26자루의 중국식 동검이 발견되었다. 이 동검은 비파

형이나 세형동검과 달리 칼날이 직선적이며, 칼날과 함께 일체형으로 주조된 손잡이의 중간에는 마디모양의 돌기가 있는 점이 특징이다. 검의 길이는 45cm~47cm로 다양하기 때문에 동일한 용범(거푸집)을 사용하지 않았으며, 특히 사용흔이 없기 때문에 아직 유통 이전에 매장된 것으로 추정되었다. 최근 자연과학적 분석결과에 따르면, 대부분 한반도산 원료를 사용한 것으로 밝혀지고 있어 중국에서 건너온 장인에 의해 제작되었을 가능성도 배제할 수 없다.

1987년에는 익산 평장리에서 농로를 개설하는 과정에서 세형동검 2점, 동모, 동과, 동경 파편이 발견되었는데, 토광묘로 추정되는 유구는 이미 완전하게 파괴된 상태였다. 그래도 조심스럽게 주

상 완주 상림리 출토 중국식 동검
하 익산 평장리 출토 동경

변을 정리한 결과, 구름무늬 바탕에 풀잎과 이무기로 장식한 청동거울 곧 「雲地四葉四螭銅鏡」이 작은 파편으로 수습되었다.[10] 이 동경은 복원 결과, 직경 13.4cm 정도이며 전한(前漢) 이른 시기에 제작된 것으로 밝혀졌다.

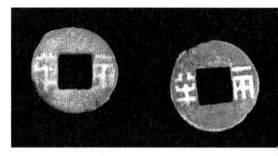

그리고 최근 익산 신흥정수장의 북서쪽에 형성된 장자산의 서쪽과 남쪽 능선 일원의 지표조사 과정에서 진나라 시황제 때부터 전한시대(기원전 118년)까지 주조된 동전인 반량전(半兩錢) 2점이 발견되었다. 동전의 전체적인 형태는 원형의 외격에 살짝 둥근 테두리가 형성되어 있으며, 방형의 내곽이 뚫려있다. 부식이 심한 편이이어서 '半'자의 일부는 부식으로

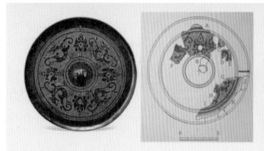

상 익산 신흥동 출토 반량전
하 익산 평장리 출토 동경과 비교자료

훼손되었으나 '兩'자는 비교적 명확하게 확인된다. 반량전의 외곽 직경은 각각 2.35cm, 2.45cm, 내곽 폭은 각각 0.8cm, 0.85cm로서 거의 같은 크기였을 것으로 보인다.

이외에도 다양한 종류의 중국이나 일본제 유물이 발견되고 있기 때문에 이들 자료를 통해 마한은 성립 이후 성장과정에서 활발하게 대외교류 활동을 해 왔음을 읽어낼 수 있다.

---

10 전영래, 1987, 「금강유역 청동기문화권 신자료」, 『마한·백제문화』 제10집, 원광대학교 마한·백제문화연구소.

마한의 목지국은 삼한의 맹주국이었다

중국 역사서인『삼국지』와『후한서』에는 마한 54개국과 진한과 변진은 각각 12개국으로 모두 78개국이라 적고 있다. 또한『삼국지』한전에는 마한 54개국 각각의 국명을 기록하고 있고, 큰 나라는 만여가, 작은 나라는 수천가로서 총 10만여 호로 구성되어 있다고 구체적인 내용을 담고 있다. 이를 바탕으로 마한 사회를 국(國)연맹체 사회로 파악하여 그 맹주국으로서 익산지역을 중심으로 성장한 건마국과, 그 이후의 목지국에 이어서 서울과 한강하류를 지역기반으로 하는 백제국 중심의 마한연맹체로 설명하기도 한다.

특히 마한의 중심세력으로서 삼한 소국들을 정치적으로 이끌어 왔던 "목지국"에 대한 실체가 주목되어 왔다. 이와 관련하여 목지국의 연맹체 맹주국 관련 내용은『삼국지』한전에 마한의 54개국 명칭을 나열한 후 "진왕(辰王)은 월지국(月支國은 목지국과 같음)을 다스린다"라 쓰여 있다. 그리고 변진전에는 변한과 진한을 합해서 24개국 명칭을 소개하면서 "그 중에서 12국은 진왕에 신속되어 있다. 진왕은 항상 마한 사람이 왕을 삼아 대대로 세습했으며, 진왕이 자립하여 왕이 되지 못하였다"라 되어 있다. 한편『후한서』한전에서는 삼한은 "모두 옛날에는 진국이었다" 그리고 "마한이 가장 강대하며 그 종족들이 함께 왕을 세워 진왕으로 삼아 목지국에 도읍하여 전체 삼한지역의 왕으로 군림하는데, 모든 국왕의 선대는 모두 마한 종족 사람이었다"라 기록되어 있다. 두 사서의 내용을 종합해 보면, 진왕은 마한 54개국과 변진 12개국을 통치하는 총왕(總王) 성격의 왕이었으며, 도읍은 목지국으로 정리될 수 있다. 그러나 목지국은 원래 진국연맹체의 일환이었으나 목지국이 마한 연맹체의 맹주국으로 등장하면서 진국 당시에 사용했던 "진왕"이라는 칭호를 차용했을 것이라는 견해도 있다.

목지국의 구체적 실상을 규명하기 위하여 진왕의 실체에 대한 접근 못지않게 주요한 관심은 목지국의 위치 비정에 대한 연구라 할 수 있다. 이와 관련해서는 우선 준왕의 남천지를 마한과 한의 중심지였을 가능성이 있기 때문에 목지국의 위치를 일치해서 보는 견해가 많다. 또는 준왕의 남천지와 마한의 중심세력의 위치를 달리 보거나 시대에 따른 중심권 이동을 고려해서 목지국의 위치를 비정하는 의견도 제시되었다. 고고학적인 자료를 참고해서 목지국 위치로 지목되는 지역은 한강 중류지역의 서남쪽 철기문화 관련 분포지역, 중서부 이남의 직산이 포함되는 아산만 일대, 익산을 포함하는 금강유역, 영산강유역의 나주지역으로 대별할 수 있다. 이들 지역들은 문헌사학계에서도 세부적으로 차이는 나지만 포괄적으로 위의 세 지역을 마한의 중심지로 보는 견해가 유력하다.

보령 관창리 주구묘유적 전경

『삼국지』와 『후한서』에 "준왕의 후손은 멸망하였으나 지금도 한인 중에는 아직 그의 제사를 받드는 사람이 있다"라거나, "준왕 절멸 이후 마한 사람들이 다시 자립하여 진왕이 되었다"는 기사가 주목된다. 두 사서의 기록에서는 공통적으로 준왕 이후의 마한은 이전과의 연속적 관계를 맺고 있지 않고 있음을 알 수 있다. 고고학적인 자료로 보면 마한의 준왕계 절멸 이후 새롭게 등장하는 마한의 왕은 마한 성립기의 토광묘 집단과는 계승적 관계가 없는 아산만 일대의 보령 관창리와 같은 주구묘 축조집단의 부활이라 할 수 있다. 곧 아산만 일대는 목지국의 중심이 되며 새로운 마한의 주인공으로 등장하는데, 송국리 문화를 담당했던 충청, 전라지역 토착민들의 매우 강한 문화적 전통에서 비롯된 것으로 추정할 수 있다.

주구묘(周溝墓)의 발견

1995년 한국에서 처음으로 보령 관창리에서 대규모 집단으로 확인된 '주구묘' (무덤 주위에 도랑을 파서 돌린 분묘)는 한국 고고학사에서 매우 의미 있는 발견이라 할 수 있다. 이후 주구묘의 연구결과 마한 성립기 이후 발전기에 마한고지에서 폭넓게 조성되었던 마한의 대표적인 묘제라는 것을 알 수 있게 되었다.

그동안 일본에서는 이러한 주구묘가 관동에서 구주지역까지 분포되어 있어서 야요이시대(B.C. 3세기~A.D. 3세기)의 독자적이며 보편적인 묘제로서 알려져 있었다. 그러나 관창리 유적이 발견된 이후 일본 학자들 사이에서도 야요이 문화의 원류는 한반도에서 찾을 수밖에 없다는 의견이 설득력을 가지게 되었다.

고고학자들이 발굴현장에서 가끔 우스갯소리로 "유적의 발견도 유행을 쫓는다"라는 얘기를 나누곤 하는데, 새로운 유적이 발견되면 동일한 성격의 유적이 잇달아 발견되기 때문에 나온 얘기이다. 그것은 아는 만큼 보이기 때문이 아닌가 생각된다. 주구묘도 예외는 아니어서 익산 영동등과 서천 당정리에서 주구묘가 잇달아 발견되었고, 1999년 서해안고속도로 건설구간에서 다수의 주구묘 유적이 조사되면서 마한의 대표적인 묘제임이 확인되었다.

보령 관창리 유적은 고려대학교 매장문화연구소 주관으로 발굴면적 111,000㎡에 대한 조사결과, 주구묘 99기와 송국리형 주거지 100여 기가 확인되었다. 주구묘의 매장주체부는 거의 모두 삭평되어 결실되었기 때문에 정확한 성격을 알 수 없었지만, 평면형태나 주구의 개방부에 따라 7개 유형으로 나누어진다. 주구

좌 보령 관창리 KM423호
우 보령 관창리 KM437호

내에서 발견된 토기 가운데 두형토기나 점토대토기를 참고하면 B.C. 3~2세기
로 추정되고 있다.

　익산 영등동 유적은 청동기시대 전기의 방형 주거지 4기, 중기의 송국리형 주
거지 19기와 더불어 주구묘는 4기가 확인되었다. 이 유적은 택지개발지역에서
발견되었는데, 조사 이전에 주변지역은 이미 개발이 이루어져 유적의 일부분이
훼손되었을 것으로 판단되었다. 특히 영등동 1호 주구묘에서는 토광묘가 매장
부로서 확인된 최초의 예가 되는데, 내부에서 철부와 철도자편이 발견되었다.

　서천 당정리 유적은 송국리형 주거지 16기와 23기의 주구묘가 확인되었다.
이 유적에서도 관창리나 영등동 주구묘와 같이 주구 내에 청동기시대 주거지
출토 토기들이 혼입된 양상을 보인다. 또한 분포양상에 있어 주구묘는 몇 기씩
인접하여 군집을 이루고 있는 점이 보이는데, 이는 혈연집단의 친연성에 따른
축조의도가 반영된 것으로 추정된다.

　이와 같이 1990년대 중반 한국에서도 주구묘들이 잇달아 발견되는 큰 이유는

그 이전에는 고분 발굴조사에서 주로 매장주체부를 중심으로 조사가 이루어졌지만, 유적 주변에 대한 관심을 가지고 넓은 범위를 정밀하게 조사한 결과라 할 수 있다. 이렇게 자료가 증가함에 따라 1996년에 호남고고학회 주관으로 '호남지역의 고분의 분구'라는 학술대회를, 그 해 역사학대회 고고학 분과의 주제로 '주구묘의 제문제'를 선정하여 주구묘 연구의 붐이 일어나기 시작하게 되었다.

익산 영등동 1호 주구묘

주구묘의 성격

한국에서 주구묘의 발견은 마한의 분묘문화를 정확하게 이해하게 되었고, 나아가 백제문화와 뚜렷이 구별되는 마한문화의 정체성 확립에 기준이 되는 매우 중요한 고고학 자료라는 점에서 큰 의의를 찾을 수 있다. 그리고 주구묘의 발굴조사를 통해 출토된 토기들은 마한 토기의 특징을 보여주고 있으며, 주구묘가 분포하는 공간적 범위는 마한의 정치 문화의 영역과 일치되고 있다는 점이다.

주구묘의 축조 방법을 보면, 우선 주구(도랑)를 굴착하여 그 흙으로 낮은 분구를 쌓아 무덤의 외형을 만든 다음, 분구의 중앙에 토광을 되파서 매장부를 만들고 시신을 안치한 후 다시 흙으로 성토가 이루어진다. 그렇기 때문에 일반적인 무덤에서처럼 시신을 지하에 안치하는 것이 아니라, 지상에 안치하게 되는 것이다. 또한 주구에서 옹관이 안치된 예가 있고, 분구의 대상부에서도 옹관이 안치된 예가 있어 다장도 이루어진 것으로 짐작할 수 있다. 곧 직계 혈연관계에 의한 가족장적인 성격도 가지고 있는 것으로 추정된다.

이러한 주구묘는 마한 성립기의 토광묘와는 전혀 다른 속성을 가지고 있어 두 묘제는 계승적 관계 속에서 발전된 것이라 할 수 없다. 곧 토광묘와 주구묘는 분묘 축조 전통이 전혀 다른 집단에 의해 축조된 것임을 알 수 있는데, 토광묘는 중국 동북지방에서 철기문화와 점토대토기문화를 가지고 내려온 집단의 산물로 볼 수 있다. 이를 뒷받침하는 문헌 자료로는 『삼국지』와 『후한서』에 기록된 '고조선 준왕의 남천' 기사라 할 수 있다.

『후한서』「위서 동이전 한조」에 "조선왕 준(準)이 위만에게 패하여 자신의 남은 무리 수천을 거느리고 바다를 건너와 마한을 공격하여 쳐부수고 스스로 한왕(韓王)이 되었다. 준의 후손이 절멸되자 마한 사람이 다시 자립하여 진왕(辰王)이 되었다"라 하여 고조선 준왕계와 마한계는 계통이 다름을 적시하고 있다.

일본 히가시무코유적 출토 송국리형 토기

한반도 서해안 일대에는 마한 성립 이전에 청동기 문화의 중기에 해당하는 소위 송국리 문화가 뿌리 깊게 자리 잡고 있었는데, 주요 특징으로는 원형 집자리와 계란 모양의 송국리형 토기를 들 수 있다. 그런데 보령 관창리, 서천 당정리, 익산 영등동 등을 비롯한 주구묘 유적에서는 송국리 문화의 유적들과 중복되어 발견되었다. 특히 주구 내에서 송국리 토기편들이 확인되고 있어 송국리 문화 단계에 주구묘가 특정지역에서 축조되고 있을 가능성이 충분하다.

특히 목관 나이테 분석에 의해 기원전 445년으로 밝혀져 일본에서 야요이시대의 가장 이른 시기의 주구묘인 효고현(兵庫縣)의 히가시무코(東武庫) 2호분에서 출토된 한반도계 송국리형 토기는 일본 주구묘의 기원이 한반도에 있으며, 한반도 주구묘의 축조연대도 송국리 문화단계까지 소급될 수 있는 증거라고 할 수 있다.

결국 한반도 서해안 일대에 뿌리 깊게 자리하고 있었던 청동기시대 중기의 송국리 문화단계에 이미 주구묘가 축조되고 있었고, 그것은 한(韓)문화의 뿌리라 말 할 수 있는 것이다. 마한 성립기 중심세력인 고조선계 준왕의 절멸 이후 새로이 등장하는 마한의 중심세력은 한의 기층세력으로 새롭게 부활한 주구묘 축조집단으로 볼 수 있다.

중국·일본의 주구묘

주구묘는 한국, 중국, 일본에서 모두 발견되고 있는 분묘이지만, 그 출현 시기나 명칭, 그리고 각각 구조특징을 달리하고 있다. 한국에서는 주구묘, 중국은 위구묘(圍溝墓), 일본의 경우는 방형주구묘라 불리는데, 기본적으로 무덤 주위에 도랑을 파서 돌린 축조 방법은 동일하다.

중국의 위구묘는 1959년에 산서성(山西) 허우마치아오춘(侯馬橋村)에서 최초로 발견되었는데, 1969년 이 유적에서 군집을 이루고 있음이 또 다시 확인되었다. 이후 섬서성과 산서성, 안휘성, 절강성 등 넓은 지역에서 많은 수의 위구묘가 발견되었고, 그 시기는 춘추말기 진(秦)에서 당나라에 걸쳐 축조된 것으로 알려져 있다. 중국의 위구묘는 춘추 중기부터 진나라까지 릉원제도의 발전과 특성에 따라 발전되어 왔는데, 주구를 한 단위의 릉원으로 여기고 '국군(國君)이 중심인 릉원의 출현'을 반영한 것으로 여겼다. 그렇기 때문에 현재 알려져 있는 춘추 전국시대 진공(秦公)이나 진왕의 릉원에는 대부분 주구가 돌려져 있다.

한국에서 주구묘가 발견되기 이전에는 일본의 주구묘는 중국의 위구묘의 영향을 받은 것으로 알려져 있었다. 그것은 중국 진나라 때에 일본으로 이주한 사람들의 자손들이 그들의 전통에 따라 축조한 것으로 보았다. 그 근거로서는 일본에서 가장 이른 시기의 주구묘가 후쿠오까(福岡)의 히가시오다(東小田)의 미네(峰)유적으로 유적 근처에는 진나라에서 불노장생초를 구하러 바다 건너왔다는 서복(徐福)의 전설이 있는데, 이때에 서복과 같이 건너온 사람들의 후손에 의해

좌 중국 산서성 허우마치아오춘(候馬橋村)유적
우 일본 하찌오오시 우쯔끼(八王子市 宇津木) 방형주구묘

축조되었다고 보는 것이다.

1964년 일본 동경 하찌오(八王子)시 우쯔끼(宇津木)에서 처음으로 4기의 주구묘가 발견되었을 당시에는 일본의 학자들도 이 유적의 성격에 대해 잘 인식하지 못했기 때문에 그 명칭을 환구상특수유구(環溝狀特殊遺構)로 명명할 정도였다. 그 후 주구의 내부에서 작은 구슬과 토기편이 발견되고, 낮은 분구가 축조된 양상을 고려하여 분묘임을 인식하고 '방형주구묘'라는 명칭을 부여하여 오늘에 이르고 있다.

일본에서 주구묘는 평면 형태에 따라 방형주구묘와 원형주구묘로 구분하며, 야요이시대를 대표하는 분묘로서 일본 전역에서 8,000기 이상 조사되었다. 일반적으로 일본의 주구묘는 기나이(畿內)지방을 중심으로 야요이 전기에 축조되기 시작하여 전역으로 확산된 것으로 보고 있다. 3세기후반 이후 방형주구묘는 전방후원분으로 변화하면서 그 규모가 커지고 고분시대에 들어서게 된다.

최근 연구결과 마한지역에서 발견된 주구묘의 상한은 청동기시대 중기에 해당하는 송국리문화 단계까지 소급될 수 있다는 견해들이 발표되고 있다. 따라서 일본 주구묘의 기원은 중국이 아니라 마한에서 찾을 수 있으며, 일본 야요이 시대의 새로운 문화는 마한지역에서 건너간 집단에 의해 주도적으로 형성된 것으로 볼 수 있다.

분구묘의 여명(익산 율촌리 유적)

1997년 봄 어느 날, 수업을 마치고 연구실에서 잠깐 쉬고 있던 중, 익산지역 정밀지표조사를 나갔던 연구원으로부터 "교수님 예비군 참호 내에서 옹관이 노출되어 있고, 그 안에 토기가 한 점 놓여 있어요, 옹관묘 아닐까요?" 전화기 너머 다소 흥분된 목소리가 들려 왔다. 난 일상적으로 "수고했네, 근데 그곳이 어딘가?" "네, 학교에서 그리 멀지 않은 황등 율촌리라는 곳입니다." 분구는 삭평된 채 주구만 남아 있기 때문에 '주구묘'라고 불렸던 익산 율촌리 '분구묘' 발견 당시의 상황으로, 마한 분구묘의 원형을 알게 해 준 순간이었다.

현장을 방문해서 더욱 놀랐던 것은 아주 낮은 구릉을 엄폐물로 이용하여 예비군 참호를 설치했는데, 이 낮은 구릉 위에 볼록볼록하게 일렬을 이루고 있는 지형은 고분의 분구임을 직감할 수 있었다. 분구묘에 대한 인식 없이는 육안으로 분별이 어려울 정도였지만, 높이가 1m 정도도 되지 않는 5기의 낮은 분구가 능선을 따라 배치된 것을 확인할 수 있었다.

1, 2차에 걸쳐 분구묘 4기에 대한 발굴조사가 이루어졌는데, 각각 분묘들이 품고 있는 속성에서 마한 분구묘에 대한 많은 정보를 얻을 수 있었다. 1호분의 분구는 남북 11m, 동서 7.8m로서 남북 방향으로 약간 긴 편이며, 높이는 75cm로 계측되었다. 분구의 성토는 7개 층으로 구분되며 분구 끝자락에서 주구가 확인됨으로써, 분구의 축조는 확인되었지만 묘의 중심시설인 매장주체부는 확인되지 않았다. 이러한 양상은 분구를 먼저 쌓고 나중에 매장부를 시설하는 소

좌 익산 율촌리 2호분 전경
우 익산 율촌리 2호분 내 옹관과 청동기시대 석관

위 '선분구 후매장'의 분구묘 축조 방식이라는 매우 중요한 단서를 확인하게 되었다.

2호분과 3호분은 평면형태가 방형에 가까우며, 분구는 50~100cm에 불과하다. 내부에서 옹관과 선행 유구인 청동기시대의 석관이 노출되었다. 특히 2호분에서는 청동기 시대 석관의 석재를 이용하여 옹관을 둘러싸 보호하기 위한 흔적도 확인되었다.

5호분은 동서 15m, 남북 18.5m, 높이 1m 정도의 분구가 계측되었다. 분구 및 주구 내에서 대형 합구옹관 1기와 소형 옹관 2기, 그리고 청동기시대 석관 4기와 옹관 1기가 확인되었다. 대형 옹관은 두 개의 옹을 횡치하여 아가리를 맞댄 합구식으로 그 중 한 점은 민묘 축조과정에서 심하게 파괴된 채로 노출되었다. 옹관의 규모는 합구상태로 198cm이다.

북옹이 100cm, 남옹이 98cm로 계측되며, 옹의 두께는 무려 2~3cm나 된다.

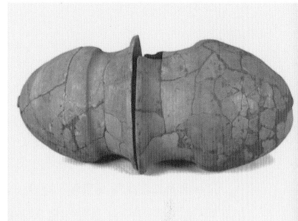

좌 율촌리 5호분 옹관 노출 작업
우 율촌리 5호분 출토 대형옹관 복원상태

아가리는 매우 넓은 편이며 어깨에는 거치문(鋸齒文)이 새겨져 있어 영산강유역
에서 출토되는 것들과 통하고 있다.

율촌리 분구묘의 대형 옹관은 영산강유역에서 소위 '선황리식'으로 불리는 마
한의 이른 시기에 사용된 대형옹관과 동일한 형태로서 율촌리 분구묘의 시기를
짐작할 수 있다. 따라서 마한 성립지로 알려진 익산지역의 낮은 분구묘 내에서
대형 옹관의 출토는 율촌리 분구묘가 호남지역 대형 분구묘의 조형이 된다는
점에서 그 의의를 찾을 수 있다.

마한사회를 담은 분구묘

고대국가 권력의 형성과 관련하여 고고학적인 지표로는 성곽의 출현과 거대한 고분의 축조를 통해 설명하곤 한다. 그것은 성곽이나 거대 고분을 축조하기 위해서는 많은 인력의 동원이 필요하기 때문에 국가권력을 전제하지 않고서는 불가능한 일이었기 때문이다. 삼국시대의 예에서 보면 고구려와 백제는 거대 적석총의 축조를, 신라는 적석목곽분의 출현을 국가권력 형성시기로 이해하고 있다.

그런데 고구려, 백제, 신라와 달리 고대국가 체제로 발전하지 못했던 마한사회에 있어서도 삼국시대 고분에 못지않은 거대 고분이 축조되었는데, 바로 대형 분구묘가 그것이다. 마한의 이른 단계의 분구묘를 보면 주매장부로서 성인용의 토광을 설치하며, 그 언저리나 주구에 소아용의 옹관이 안치되고 있는데, 이를 통해 보면 혈연관계에서 비롯된 가족묘로 판단된다. 다음 단계에는 주매장부의 토광과 비슷한 규모의 매장부가 평면적으로 추가되며 주위에는 주구를 돌려 영역을 표시한다. 이와 같이 평면적으로 확장이 이루어지는 형태에 따라 분구의 외형이 만들어지기 때문에 분구의 형태가 정형화되지 못한 경우가 대부분이다.

마한 분구묘의 마지막 단계에 들어서면 주매장부의 시설이 토광에서 대형 옹관이나 석실로 변화가 이루어지며, 분구의 외형도 방형, 원형, 방대형 등으로 정형화가 이루어진다. 나주 복암리 3호분의 분구 내에 안치된 매장부 시설은 토광과 옹관, 그리고 석설 등으로, 그 가운데 석실은 영산강식과 백제 말기의 석실분이 보인다. 이와 같이 복암리 3호분은 다양한 형태의 매장부를 오랜 기간 동안 수평이나 수직적으로 확장된 분구를 방대형에 가깝게 재정비하는 과정을 거친 것으로 보인다. 이와는 달리 신촌리 9호분의 경우처럼 일정한 묘역의 정형화된 분구를 조성한 후 그 내부에 대형 옹관을 상하 중첩하는 경우도 있다.

한편 고창 봉덕리 분구묘는 영산강유역의 분구묘 축조방법과 차이가 있는데, 능선의 끝자락 부분에 자리잡고 있는 지형을 이용해서 먼저 동서 52m, 남북 27m 정도로 깎아서 기저부를 조성한 후 그 위에 다시 성토한 점이 특징적이다. 이러한 분구묘 축조 방법은 매장부를 안치하기 이전에 이미 철저한 기획에 의해서 이루어진 것임을

상 나주 복암리 3호분 매장시설 노출상태
하 나주 신촌리 9호분

고창 봉덕리 1호분

알 수 있다. 이곳에서는 분구 중에 5기의 석실이 안치되었는데, 영산강식이라는 석실과 더불어 백제 석실도 있는 것으로 보아 백제 중앙과 관련성도 배제할 수 없다.

그렇다면 삼국시대의 왕릉과 비교해도 그 규모에서 전혀 뒤지지 않는 마한 분구묘의 축조에서 보면 마한세력도 고대국가로 발전해 갔었을 것인데, 그렇지 못하고 백제에 복속되었을까? 그것은 마한 분구묘와 삼국시대의 거대 고분의 속성에서 그 해답을 찾을 수 있다. 마한 분구묘는 혈연을 기반으로 다장이 이루어지면서 대형화가 이루어지지만, 삼국시대의 최고 지배계층의 고분은 1인을 위한 거대 고분이 축조된다는 점이다. 결국 삼국시대의 거대 고분은 권력 집중을 기반으로 축조가 이루어졌지만, 분구묘에서 보이는 마한의 혈연중심 사회구조적인 특징은 마한 정치체가 고대국가로 발전해 나가는 데 있어서 한계점으로 작용했을 것이다.

마한문화, 일본 고대국가 성립의 기초가 되다

일본의 방형주구묘 가운데 가장 이른 시기에 해당하는 효고현 히가시무코(兵庫縣 東武庫) 2호분의 주구 내에서 한국 청동기시대 중기의 송국리형 토기가 출토되었고, 목관의 나이테 연대측정에 의하면 기원전 445년임이 밝혀졌다. 이 유적은 한반도 서남부지역을 중심으로 점토대토기와 철기문화를 가진 집단에 의한 마한의 성립과 관련된 새로운 정치변혁과정에서 일본으로 건너간 도래인에 의해 축조된 것으로 추정할 수 있다. 이렇게 전래된 주구묘는 야요이 후기에 들어서면 지역적인 특징을 가지고 발전되어 가는데, 일본 고대문화의 중심지역인 긴끼(近畿)지방에서는 마한 주구묘의 변화와 동일한 패턴으로 축조된 분구묘가 출현한다.

분구묘라는 용어는 원래 일본 고고학에서 흙을 쌓아 분구를 갖춘 야요이 분구묘와 고분시대의 전방후원분을 구분하기 위하여 사용된 명칭이다. 한국 학계에서는 분구묘라는 용어를 그대로 수용해 사용하는 것에 대해 많은 논란이 있지만, 먼저 분구를 조성한 후 분구를 되파서 매장부를 지상에 두는 축조방법의 묘제라는 것에 대한 인식은 같이하고 있다.

마한 주구묘는 정치와 사회발전에 따라서 점차 그 규모가 대형화되면서 영암 만수리나 함평 예덕리 만가촌 분구묘와 같은 다양한 형태의 분구묘로 변화된다. 그리고 점차 대형화가 이루어진 하나의 분구 내에 다장(多葬)이 이루어지는데, 이는 농경 위주의 생업경제에서 비롯된 혈연중심의 사회현상을 그대로 반

좌 일본 오사카 카미Y-1호 분구묘
우 영암 만수리 6호 분구묘

영하고 있는 것으로 생각된다. 일본의 경우에도 긴끼지방의 오사카 우류도우(大阪 瓜生堂)유적과 카미(加美)유적에서는 장방형 분구에 다장이 이루어지고 있는데, 마한 분구묘와 속성을 같이하고 있다.

마한 지역과 일본 긴끼지방의 주구묘는 4세기 전반까지 유사한 형태의 분구묘로 변화 발전한 형태로 축조된다. 백제가 마한지역을 영역화하는 영향 속에서도 마한 분구묘는 백제 중앙에서 멀리 떨어진 영산강유역이나 마한 전통이 강한 지역에서는 6세기 전반까지도 지속적으로 축조되고 있다. 한편 일본 긴끼(近畿)지역에서는 4세기 전반기에 들어서 다장 형태의 야요이 분구묘는 1인장인 전방후원분으로 변화되는데, 이는 권력자의

일본 오사카 우류도우(瓜生堂) 분구묘

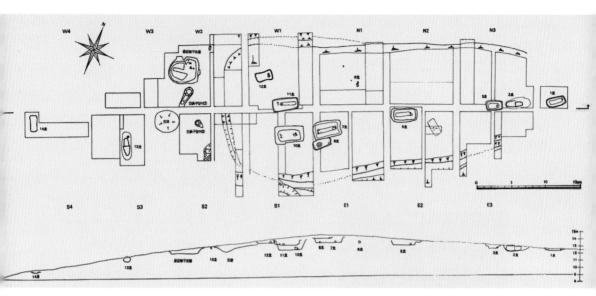

영암 만수리 4호 분구묘

등장을 의미하며 긴끼 중심의 정치세력이 야마토(大和)정권의 중심에 자리잡게
된 것으로 보인다.

결국 마한문화는 한반도 서해안 일대의 기층문화로서 백제 영역화 이후에도
지역적 전통에 따라 오랫동안 지속되고 있었고, 일본은 마한문화에 뿌리를 둔
전방후원분체제에 들어서면서 일본 전형의 고대국가로 발전해 가는데 이를 계
기로 마한 분구묘와는 차별화가 이루어진다.

마한문화는 일본 고대문화의 원류

상 보령 관창리 437호 출토 점토대토기
하 보령 관창리 437호 출토 흑도장경호

한반도 서해안 일대에서 집중적으로 발견된 주구묘는 한국 고대사 연구에서 백제문화와 뚜렷이 구분되는 마한문화 정체성을 보여주는 대표적인 고고학적인 자료이다. 90년대 중반 한국에서 처음 주구묘가 발견되었을 당시 그 연대에 대한 많은 논쟁이 있었다. 주구 내에서 출토되었던 유물 가운데에서 토기 제작할 때 단단하게 하기 위해 두드린 무늬가 찍힌 '타날문토기'에 대한 연대를 기원후 3세기로 설정하는 것이 학계의 보편적 견해였기 때문에 주구묘의 연대 역시 3세기를 상한으로 축조된 것으로 보았다. 그러나 보령 관창리유적의 보고서에서는 주구 내에서 출토되는 토기를 분석한 결과, 청동기시대 중기의 송국리문화와 후기에 해당하는 점토대토기문화 집단과 관련이 있을 것이기 때문에 이들 주구묘의 축조연대를 기원전 3~2세기로 설정했지만, 학계 다수의 연대관에 묻혀 버리고 말았다.

　일본 야요이(彌生)시대의 보편적 묘제인 주구묘는 축조수법이나 그 형태에 있어서 한국에서 발견 주구묘와 유사한데, 그 출현연대를 야요이 전기 곧 기원전 3세기에 설정하고 있다. 그리고 일본 주구묘의 기원은 북부 구주에서 벼농사의 기원과 같은 것으로 긴끼(近畿)지역에 전파된 것으로 보는 견해와, 농경에서 논의 구획에서 비롯된 묘제로서 각지에서 자생적으로 발생한 것으로 보기도 하였다. 한편 진시황의 지시로 불노초를 구하러 바다를 건너온 서복(徐福) 전설과 관련지어 중국 진(秦)묘제인 위구묘(圍溝墓)의 영향을 받아 축조된 것으로 보는 견해도 있었다.

　한국 주구묘의 상한연대를 기원후 3세기로 설정하게 되면 일본 야요이시대의 주구묘와 연대차는 물론, 그 원류에 대한 논쟁이 불가피하게 일어날 수밖에 없게 되었다. 보령 관창리유적 발견 이후 익산 영등동, 서천 당정리 등 서해안 일대에서 급증하는 주구묘 자료는 일본의 주구묘 원류에 대해 재고해야 된다는 의견이 먼저 일본에서 제기되기 시작하였다. 그것은 관창리 주구묘의 연대를 한국 청동시대 중기로 볼 수 있다는 것이며, 특히 긴끼지방의 효고현 히가시무코(兵庫縣 東武庫)에서 출토된 송국리형 토기가 '일본 주구묘 기원의 한반도설'의 적극적인 증거로 보아야 한다는 것이다. 결국 한반도에서 긴끼지방으로 이주해 온 도래인에 의해 직접 전해진 것으로

일본 교토 下植野南유적 출토 유사송국리형 토기

이해할 수 있다는 것이다. 최근에는 한국 주구묘의 연대를 청동기시대 중기까지 소급할 수 있는 자료들이 속속 발견되고 있기도 하다.

한편 일본 고고학자들의 주구묘에 대한 연구는 매우 각별했는데, 그 이유는 일본을 상징하는 고유의 고대묘제인 전방후원분의 원조가 바로 이 주구묘에서 출발했다고 보는 것이 일본 학계의 정설이다. 곧 일본 고대사회의 변화추이에 따라 주구묘는 분구묘로 발전되고, 분구묘는 다시 전방후원분으로 변화되었다고 보는 것이며, 이에 대한 연구자들의 긍지 또한 매우 강했음도 알 수 있다. 보령 관창리 유적을 직접 발굴 조사한 고려대학교 이홍종 교수의 전언에 의하면 이 유적 조사 이후 일본 방형주구묘의 저명한 연구자 한명이 주구묘에 관한 연구에서 절필을 선언할 정도로 마한 주구묘의 발견은 일본 학계에 충격적이었던 것이다.

마한의 고도 익산

익산지역은 마한과 백제의 정치문화 중심지로서 우리나라 고대사에 있어서 차지하는 비중은 매우 크다고 할 수 있다. 그러나 문헌자료의 빈곤에서 비롯된 연구 부족으로 그 가치를 충분히 인식하지 못해 왔지만, 최근 고고학 자료의 증가와 그에 대한 연구결과 익산지역이 새롭게 주목되고 있다.

3세기 중엽의 중국 사서인 『삼국지』 위서 동이전 한조에는 "연나라에서 망명해 온 '위만'의 공격을 받은 고조선 '준왕'이 좌우 궁인을 거느리고 바다 건너 한지(韓地)에 와서 한왕이 되었는데, 그 후 절멸되었다"라 기록되었다. 이후 5세기 중엽의 『후한서』에서는 『삼국지』의 내용을 동일하게 이어받고 있지만, 한(韓)을 마한으로 바꾸어 기술하고 있다. 이후 우리나라 사서인 『삼국유사』를 거쳐 『제왕운기』와 『고려사』에서는 구체적으로 금마를 마한의 개국지로 지목하고 있다. 이러한 역사서의 내용을 바탕으로 익산지역은 오래전부터 마한의 고도로 인식되어 왔던 것이다.

익산지역에서는 이미 1970년대부터 많은 청동유물들이 신고나 수습되면서 청동기문화의 중심지로 주목되었고, 이러한 고고학 자료를 마한과 관련짓고자 하는 접근이 이루어져 왔다.[11] 그러나 이 자료들이 대부분 신고유물들이어서

---

11 전영래, 1990, 「마한시대의 고고학과 문헌사학」, 『마한·백제문화』 제12집, 원광대학교 마한·백제문화연구소.

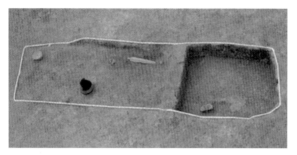

익산 신동리 토광묘

그 성격을 정확히 파악하는 데 어려움이 있었다. 1990년대 초반, 익산 신동리유적에서 청동유물과 철기, 삼각형 점토대토기가 출토되면서 마한 고도 익산에 대한 정보가 본격적으로 모습을 드러내기 시작하였다.[12]

2000년대에 들어와 만경강을 중심으로 북쪽의 익산지역과 남쪽의 전주, 완주, 김제지역에서 집단 토광묘가 집중적으로 발견되었다. 이들 토광묘에서 점토대토기와 흑도장경호로 대표되는 토기류, 세형동검과 청동거울을 비롯한 청

좌 익산 신동리 출토 청동 및 철기유물
우 익산 신동리 출토 토기류

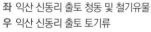

12 원광대학교 마한·백제문화연구소, 2005, 『익산 신동리유적-5·6·7지구-』.

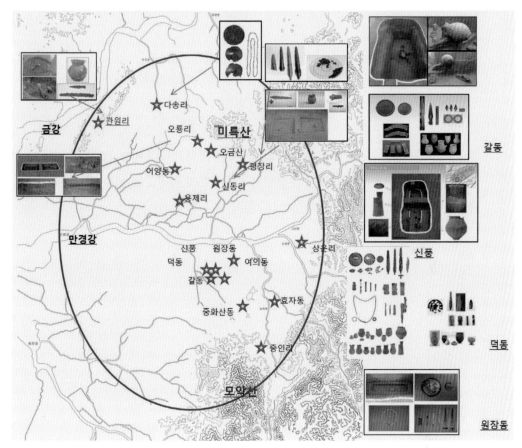

만경강유역 마한 성립 관련 토광묘 유적 분포도

동유물과 더불어 철제 도끼와 낫이 확인됨에 따라 새로운 물질문화인 철기의 유입은 마한 성립의 배경이 되었을 것으로 이해하게 되었다. 문헌자료를 통해 보면 마한 성립의 핵심지역은 금마일원으로 상정할 수 있지만, 최근 고고학적 성과에 따라 좀 더 공간적 범위를 확대하여 만경강유역을 '마한태동문화권'으로 설정하는 것도 고려해 볼만 하다. 왜냐하면 최근 개정된 '역사문화권 특별법'에서 전북의 마한문화권역이 추가됨에 따라 효과적으로 대응하기 위한 적극적이고 선제적인 준비작업이 필요하기 때문이다.

한편 조선 이후의 문헌기록이나 전승되어 내려온 각종 설화나 민속놀이에서 보면 백제보다는 오히려 마한과 관련된 내용들이 풍부하게 남아 있는데, 곧 익산지역에는 마한 전통의 문화가 그만큼 강하게 뿌리내리고 있었기 때문일 것이다. 또한 익산을 비롯한 만경강유역에서는 백제 영역화 이후에도 백제의 묘제를 채용하는 것이 아니라 5세기 후엽까지 마한전통의 분구묘를 지속적으로 축조하고 있는 점에서 강력한 마한문화의 전통을 확인할 수 있다.

익산은 마한의 건마국이었나?

익산지역이 마한의 고도로 인식되었던 근거는 중국 고대사서 『삼국지』를 비롯해서 우리나라의 『삼국사기』와 『고려사』의 기록에 나타난다. 이를 종합해보면 "고조선 준왕이 익산으로 바다를 건너와서 마한을 개국했다"라고 요약된다. 또한, 일반적으로 마한 54개 소국 가운데 익산은 금마 중심의 건마국, 함열 일대의 감해국 혹은 염로국, 여산 일원의 여래비리국 등으로 비정되어 왔다. 그 가운데 '건마국'은 마한 연맹체의 맹주로 자리 잡고 있었고, 마한 정치체의 성장에 따라서 익산의 건마국에서 충청 직산의 목지국으로 목지국은 한강유역의 백제에 정복되는 단계로 이해하는 견해가 있어 왔다.

이병도에 의해 건마국을 마한 후기의 맹주국으로서 익산을 비정한 이래, 특별한 비판 없이 건마국은 익산일 것으로 인식해 왔다.[13] 이러한 근거로는 현재의 지명인 금마(金馬)가

익산 다송리 출토유물

---

13 이병도, 1976, 「삼한의 제소국문제」, 『한국고대사연구』, 박영사.

건마(乾馬)의 음운이 비슷한 데서 비롯된 것인데, 문제는 건마(乾馬)의 음이 '金馬' '古馬'의 어느 편에 가깝다는 아무런 보장이 없다는 것이다. 천관우는 삼국지의 국명 열거 순서가 북에서 남이라는 방향에 착안하여 감해(感奚)를 익산에 비정하고, 마한 54개국 열거의 마지막 순서에 가까운 건마를 장흥의 백제 때 명칭인 고마미지현(古馬彌知縣)이나 신라 때의 마읍현(馬邑縣)이라는 점에서 장흥 일대를 건마국으로 비정하기도 한다.

이와 같이 건마국을 이른 단계의 마한 소국으로 이해하기도 하며, 마한 후기의 맹주국으로 보는 견해도 있어 시기적인 차이를 보이며, 오늘날 익산과 장흥 지역에 비정은 공간적으로도 매우 떨어진 지역으로서 실체적 진실에 접근하기에는 거리감이 없지 않다.

한편 「관세음응험기(觀世音應驗記)」에 정관(貞觀)13년(639) 백제 무강왕(武康王)이 현재의 금마지역인 지모밀지(枳慕蜜地)로 천도했다고 기록하고 있다. 다시 말하면 마한의 성립과 준왕의 남천지로 비정되는 금마 일대는 백제시대에는 지마마지 혹은 지모밀지에서 금마저(金馬渚)로 그리고 신라시대에 지모현으로 개칭되었다가 다시 금마군으로 불렸다는 것을 알 수 있다. 한편, 중국 상해의 방언에서 지모(支牟)와 金馬의 발음이 "jin mou"로 동일하게 발음하고 있음이 확인된다. 또한, 현대의 중국어로도 "乾"은 "qian"이나 "gan"으로 발음되고, "金"은 "jin"으로 발음되고 있어 전혀 다르다는 것을 알 수 있다. 따라서 오늘날 현대어인 금마와 건마는 유사한 음운에서 동일 지역을 지칭한다고 볼 수 없으며, 금마 일대가 마한 소국 가운데 건마국으로 비정하는 것에 대해서는 신중한 검토가 요망된다.

건마국의 명칭은 3세기 중엽에 쓰인 『삼국지』에 처음 등장하며, 기록된 54개의 소국명은 기록이 작성되던 3세기 중엽 경의 양상일 가능성이 크다. 문헌자료나 고고학 자료에서 마한의 성립 시기는 B.C. 3세기경으로 인식하고 있다.

상 익산 오룡리 출토 청동유물
하 익산 오룡리 출토 토기류

그렇다면 건마국이 등장하는 기원후 3세기 중엽까지 약 600여 년 동안 건마국
이란 명칭으로 존재하고 있는 셈이 된다. 그런데 지금까지 고고학적 성과로 보
면 익산지역에서는 마한의 성립과 관련된 토광묘 축조집단 이후, 특히 3~4세
기에는 다른 지역과 뚜렷하게 구분될 정도의 우월적 지위를 갖는 자료가 발견
되지 않고 있다. 따라서 『삼국지』에 마한의 국명으로 등장하는 건마국의 위치
비정에 대한 새로운 검토가 요망되며, 이를 건마국이 익산이라는 전제로 전개
된 마한의 성장과 세력변천에 대한 견해도 재고되어야 할 여지가 있는 것으로
생각된다.

익산 황등제, 벽골제보다 6,700년 앞서 축조

물은 인간 생명을 유지하는 원천이기도 하지만, 고대 농경사회에서 현대 산업 사회에 이르기까지 인간의 생존을 위한 생산 활동에서 절대적으로 필요한 물질 이다. 자연계에서 인간에게 주는 물은 때로는 넘쳐나 커다란 수해를 입히기도 하지만, 이를 잘 이용하면 이익을 가져오기 때문에, 중국 전설시대 왕조의 군왕 들은 물 관리를 최우선 정책으로 삼았음은 잘 알려져 있다.

선사시대 이래 효율적이고 안정적인 농경을 지속하기 위해서는 물 관리가 최 우선적으로 고려되었을 것인데, 청동기시대의 원시 수리시설에서 역사시대의 발달된 관계수리시설들이 여러 형태로 발견되고 있다. 전라북도는 지형상으로 평야지대가 발달되어 있고, 강수량도 풍수하여 농경생활을 영위하기에 매우 적 절한 지역이다. 따라서 타 지역에 비해 농경을 위한 수리시설유적들이 많은 편 이며, 대표적으로 삼국시대에 축조된 김제 벽골제를 들 수 있다.

조선시대의 실학자 반계(磻溪) 유형원(柳馨遠)의 반계수록(磻溪隨錄)의 제언(堤 堰)편에 보면 호남지역 3대 제언이라 함은 익산 황등제, 김제 벽골제, 고부 눌제 를 일컫고, 이들 3대 제언을 호남과 호서를 구분하는 기준으로 삼고 있다. 이 가 운데 황등제의 제방은 익산시 신용동 도치산에서 황등면의 황등산과 연결되며, 그 길이는 1.3km에 달한다. 현재는 23번 국도로 사용되고 있지만, 도로개량 이 전의 원래의 도로구간이 일부분 남아 있어 이곳을 중심으로 최근 발굴조사가

익산 황등제 서쪽에서 바라 본 전경

이루어졌다.

발굴조사는 옛 도로 부지에 남아 있던 추정 황등제 제방 부지에 대한 시굴조사에서 확인된 유구를 중심으로 한 397㎡의 면적에 대해서 이루어졌다. 제방의 하단 기저부의 폭은 약 22m이며, 잔존높이는 4.9m로 확인되었다. 제방은 물이 침투하기 어려운 점토인 흙덩이를 교차 쌓기 하였다. 그리고 흙덩이 사이사이에 풀과 나뭇잎을 깔았는데 이러한 축조공법은 김제 벽골제 제방에서도 확인된다.

황등제의 초축 시기는 문헌상으로 정확하게 알 수 없지만 조선 전기 기록에 나타나는 것으로 보아 조선시대 이전에 축조된 것으로 보인다. 그런데 최근 발굴조사를 통해 수습된 목재와 풀 등 자연유물에 대한 자연과학적 연대측정을 한 결과 기원전 4~3세기경으로 측정되었다. 지금까지 서기 330년에 초축으로 알려진 김제 벽골제가 한반도 최고의 수리 제방으로 알려져 왔었는데, 익산 황등제의 제방이 벽골제의 제방보다 무려 6~700여 년이나 더 오래전에 축조된 것으로 밝혀졌다.

이러한 연대측정결과에 대한 객관성을 담보하기 위해 국내·외

익산 황등제 제방 서측 토층

의 전문적인 기관 3곳에 의뢰한 결과, 위와 같은 동일한 연대가 추출되어 신뢰성을 확보할 수 있게 되었다. 따라서 한국에서 가장 오래된 수리시설로서 익산 황등제를 상정할 수 있게 되었다.

하

황등제에 대한 문헌기록을 보면 상시연(上矢淵), 황등제(黃登堤), 료곳제(蓼串堤) 등 여러 가지 명칭으로 사용되고 있는데, 먼저 1454년에 편찬된 『조선왕조실록』 과 1530년 편찬된 『신증동국여지승람』 등 조선전기에 편찬된 사서에는 황등제가 상시연으로 기록되어 있다. 하지만 1670년에 완성된 『반계수록』과 1760년에 편찬된 『성호사설』 및 『성호선생전집』 그리고 1770년에 편찬된 『문헌비고』와 『증보문헌비고』에 모두 황등제로 기록되어 있다. 또한 1798년 복태진의 상소가 기록된 『조선왕조실록』 「정조실록」 권50 정조 22년 11월 30일의 기록에도 유형원의 말을 인용하면서 황등제로 기록하고 있어 조선후기 어느 시기에 황등제로 명칭이 변경된 것으로 볼 수 있다. 그리고 1756년에 편찬된 『여지도서』에는

상 익산 황등제 제방내 목제 출토상태
하 익산 황등제 제방 부엽층 노출상태

료곳제로 기록되어 있는데 같은 1756년에 편찬된 『금마지』 「山川」 조에는 상시연으로 기록되었고, 「제언」 조에는 료곳제로 기록하고 있다. 1861~1866년에 편찬된 『대동지지』에도 상시연으로 기록하였다. 이후 일제강점기인 1909년 임익수리조합을 설립, 증축하여 '요교호'로 불렸으며, 1935년 완주 경천저수지가 축조되면서 저수지의 기능을 상실하고 농경지로 변화하였다.

발굴조사 결과 기저부는 흑회색의 점토(뻘)층이다. 제방의 축조는 뻘층 위에 니질점토와 회백색점토인 불투성 점토를 이용하여 교차쌓기를 하였고 토괴형태로 성토(Ⅰ층) 하였다. Ⅰ층은 조사과정에서 부엽층이 확인되었으며, 부엽이 확인되는 곳에서는 지반에 타격을 주어 다진 흔적이 일부 확인되고 있다. 제방은 동쪽에서 서쪽으로 3차에 걸친 공정으로 축조되었으며, 이는 동일한 축조기법과 동일한 재료 등으로 보아 동시기에 제방의 안정된 축조를 위해 이루어진 것으로 보인다.

제방의 하단부 약 3m 깊이에서는 지름 10cm 내외의 긴 목재가 제방과 직교하

표 1 익산 황등제 방사성탄소연대 측정결과

측정 번호	δ¹³C (‰)	역년교정용 연대 (yrBP±1σ)	¹⁴C연대 (yrBP±1σ)	¹⁴C연대를 역연대로 교정한 연대범위	
				1σ 역연대범위	2σ 역연대범위
PLD-43512	-28.32±0.11	2914±19	2915±20	1186-1182 cal BC (2.24%) 1156-1147 cal BC (5.53%) 1126-1051 cal BC (60.50%)	1204-1141 cal BC (25.03%) 1132-1042 cal BC (64.98%) 1035-1016 cal BC (5.44%)
PLD-43513	-30.14±0.16	4600±23	4600±25	3487-3471 cal BC (28.05%) 3373-3357 cal BC (40.22%)	3496-3438 cal BC (43.71%) 3378-3340 cal BC (51.74%)
PLD-43514	-30.75±0.10	5093±24	5095±25	3955-3940 cal BC (13.06%) 3870-3809 cal BC (55.21%)	3963-3900 cal BC (31.95%) 3880-3800 cal BC (63.50%)
PLD-43515	-26.78±0.19	2866±22	2285±20	396-362 cal BC (62.53%) 271-268 cal BC (1.85%) 240-236 cal BC (3.89%)	400-355 cal BC (68.09%) 282-231 cal BC (27.36%)
PLD-43516	-26.19±0.12	2815±20	2185±20	351-290 cal BC (49.54%) 226-221 cal BC (3.11%) 208-196 cal BC (10.60%) 185-178 cal BC (5.01%)	357-277 cal BC (56.45%) 260-245 cal BC (3.35%) 233-170 cal BC (35.64%)

고 약 3~4m 간격을 두고 확인되고 있어 제방축조과정에 방향과 작업구간 확인을 위한 것으로 추정된다. 부엽층과 목재, 제방 하단부 토양은 샘플링하여 연대 측정 자료로 이용하고자 하였다. 시굴조사와 발굴조사 과정에 샘플링한 자료에 대해서는 절대연대 확인을 위해 3개소의 기관에 AMS 분석(C14탄소연대측정)을 의뢰하였다. 그 결과 3개 기관 모두 목재와 부엽층의 경우 B.C. 5세기~3세기의 결과가 나왔으며, 대부분 B.C. 4세기경으로 추정하였다. 기저부 아래 기반층으로 추정되는 토양에 대한 분석결과는 B.C. 40세기~11세기로 확인되었다.

　황등제가 축조될 당시에 중국은 전국시대에서 진·한시대로 전환이 이루어지는 시기이며, 한국에서는 익산지역을 중심으로 마한이 성립되는 시기이다. 그런데 익산을 중심으로 진·한대의 화폐나 청동거울 등이 발견되고 있기 때문에 두 지역 간의 교류를 살필 수 있다. 또한 당시 1.3km에 달하는 제방을 축조하기 위해서는 최첨단의 토목기술이 필수적으로 수반될 수밖에 없다. 따라서 마한이 성립될 당시의 수준 높은 기술력을 엿볼 수 있을 뿐만 아니라, 농업 생산력을 높여 마한 성립의 경제적 기반을 뒷받침할 수 있었다고 추정된다.

전북지역의 마한 소국 1

중국의 역사책인 『삼국지』에는 마한과 관련하여 54개 소국의 국명과 아울러 대국은 만여가, 소국은 수천가로서 총 십여만호나 된다고 기록되어 있다. 현재까지 고고학적으로 밝혀진 바에 의하면, 마한의 공간적 범위가 경기, 충청, 전라지역에 해당하기 때문에 마한의 소국들도 이 지역 내에 자리하고 있었을 것이다. 따라서 각 지역에는 마한 성립과 관련되는 조기단계의 토광묘에서부터 마한의 발전기에 확산되는 분구묘계통의 분묘들이 광범위하게 연속적으로 축조되어 왔다. 또한 마한의 정치·문화 중심지였던 지역의 경우에는 백제에 편입된 이후에도 마한 분구묘의 전통이 기층문화로서 지속적으로 축조되어 왔다. 그러나 『삼국지』에 기록되어 있는 마한 소국이 실제로 어느 지역에 위치했었는지에 대해서는 연구자에 따라 각각의 견해가 매우 달라 소국의 구체적인 실상에 대한 접근은 제대로 이루어지지 못하고 있는 형편이다.

마한의 소국에 대한 위치는 주로 지명의 음운학적인 유사성에 따라 비정되었거나, 역사서에 기록된 국명들이 북에서 남으로 위치한 순서에 의해 기록되었을 것이라는 전제에서 추정되어 왔다. 이에 따르면 전라북도에는 20여 개의 마한 소국이 위치한 것으로 알려져 있지만, 국명을 음운학적인 방법만으로는 위치를 확증하기 어렵고, 견해 차이도 심해 마한 소국의 정확한 위치를 특정하기에는 여전히 한계가 있다.[14]

---

14 정인보, 1935, 『조선사 연구』.

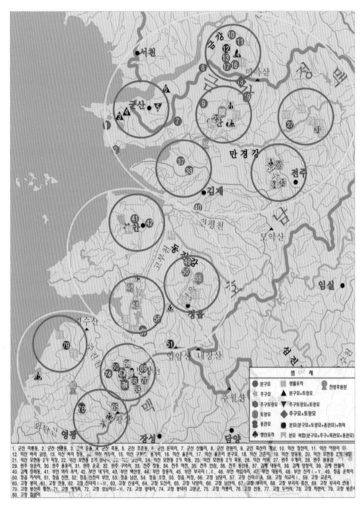

고고학 자료로 본 전북지역 마한 소국

1. 군산 마동유적, 2. 군산 산월동, 3. 군산 운동, 4. 군산 축동, 5. 군산 조촌동, 6. 군산 둔덕리, 7. 군산 산월리, 8. 군산 관원리, 9. 군산 축단리, 10. 익산 장신리, 11. 익산 어량리, 12. 익산 부리 광장, 13. 익산 영등, 14. 익산 석우리, 15. 익산 구평리, 16. 익산 율촌리, 17. 익산 율촌리 분구묘, 18. 익산 간호리, 19. 익산 영등동, 20. 익산 모현동 2지구, 21. 익산 부리 광장, 22. 익산 모현동 2가 축동, 23. 익산 모현동 2가 축동, 24. 익산 모현동 2가 축동, 25. 익산 모현동 2가 축동, 26. 완주 운동리, 27. 완주 수계리, 28. 완주 운동리, 29. 완주 상운리, 30. 완주 용흥리, 31. 완주 은곡, 32. 완주 구락리, 33. 완주 정동, 34. 완주 덕천리, 35. 완주 동산동, 36. 완주 동산동, 37. 김제 대동리, 38. 김제 양청리, 39. 김제 관월동, 40. 김제 장화동, 41. 부안 격리 속제, 42. 부안 내구리, 43. 부안 백산성, 44. 부안 장동리, 45. 부안 부곡리 II, 46. 부안 하입동구, 47. 부안 대동리, 48. 부안 신리 I·V, 49. 정읍 운학리, 50. 정읍 지사리, 51. 정읍 신면리, 52. 정읍 신정동, 53. 정읍 남산, 54. 정읍 북정, 55. 정읍 오공리, 56. 정읍 신정동, 57. 고창 선덕리 A, 58. 고창 석교리 I, 59. 고창 교운리, 60. 고창 봉덕, 61. 고창 만동, 62. 고창 선덕리 I·II, 63. 고창 선동리, 64. 고창 도산리, 65. 고창 낙양리, 66. 고창 남산리, 67. 고창 부곡리, 68. 고창 부곡리 증산, 69. 고창 부곡리 만동, 70. 고창 봉산리 황산, 71. 고창 성남리, 72. 고창 성남리 I·II, 73. 고창 성남리, 74. 고창 봉덕리 고분군, 75. 고창 자룡리, 76. 고창 선동, 77. 고창 죽림리, 78. 고창 도산리, 79. 고창 봉산리, 80. 고창 칠암리

이병도, 1976, 「삼한의 제소국문제」, 『한국고대사연구』, 박영사.
천관우, 1989, 「마한제국의 위치시론」, 『고조선사·삼한사연구』, 일조각.

그럼에도 연구자들 사이에 견해가 일치된 전라북도의 마한 소국을 보면, 고창의 모로비리국(牟盧卑離國)을 비롯해서 익산 함열의 감해국(感奚國)과 김제의 벽비리국(闢卑離國)을 들 수 있다. 다음으로 다수의 의견이 일치하는 곳은 부안의 지반국(支半國)과 정읍 고부의 구소국(狗素國)을 들 수 있다. 이외에 군산 회미의 만로국(萬盧國)과 익산의 건마국(乾馬國), 그리고 정읍의 초산도비리국(楚山塗卑離國)과 전주의 불사분사국(不斯濆邪國) 등도 2명 정도의 일치된 견해가 제시되고 있다. 나머지 11곳의 마한 소국위치 비정은 학자들 마다 다른 견해를 제시하고 있어 문헌자료 분석의 한계를 실감하게 한다.

　따라서 이러한 한계를 극복하기 위하여 고고학적인 자료인 분묘와 생활유적을 활용하여 밀집도에 따라 소국의 위치를 비정해 볼 수 있을 것이다. 자료에 의하면, 각 군집된 유적군 가운데 마한 관련 유적이 백제 영영화 이후에도 지속적으로 축조되고 있는 곳이 확인되는데, 그만큼 마한문화의 전통이 강력하게 유지되고 있음을 알 수 있다. 이러한 의미는 백제 영역화 이전부터 강력한 세력을 가진 마한의 정치 사회적 집단이 있었던 것으로 이해할 수 있는데, 그것은 『삼국지』에 보이는 만여가(萬餘家)인 대국으로 비정할 수 있을 것이다. 또한 이 대국은 주변 천여가(千餘家)로 구성된 소국 연맹체의 수장국으로서 역할을 담당했을 것으로 추정해 볼 수 있다.

　마한유적의 분포 밀집도를 바탕으로 분류해보면, 지도에서 보듯이 3개의 군집으로 대별할 수 있는데, I군은 금강과 만경강유역을 중심으로 6개의 작은 군집들이 분포하고 있고, II군은 동진강과 고창 흥덕을 경계로 하는 공간적 범위에 3개의 소군이 해당하며, III군은 고창지역에 3개의 소군집이 배치되어 있다. 이들 각각의 I, II, III군은 마한의 성립이나 성장과정과 백제와 상호관계 설정에 따라서 그 특징을 달리하고 있었던 것으로 보인다.

전북지역의 마한 소국 2

전라북도에 자리잡고 있었던 마한 소국은 현재의 지명과 문헌상의 소국명을 음운학적 비교를 통해 위치를 비정해 왔다. 그러나 2~3 지역을 제외하고는 연구자들의 견해차가 워낙 심할 뿐 아니라 중심지역을 특정하기에도 애매한 현실이다. 이러한 한계를 극복하기 위해서는 고고학적 조사결과를 바탕으로 소국명을 특정할 수는 없을지라도 소국 중심지에 대한 접근은 가능할 것으로 여겨진다.

전라북도 마한 소국의 중심지를 추정하기 위하여 마한 분구묘나 집자리가 밀집된 공간적 범위를 설정한 결과, 대단위로는 금강과 만경강유역권역에 6개 소군집 I군과 동진강강유역권에서 3개 소군집 II군, 그리고 고창지역을 중심으로 3개 소군집의 III군으로 구분해서 추출할 수 있다. 이들 대단위 군집 I, II, III 군의 문화적 양상은 백제의 지방통치를 비롯한 정치적인 역학 관계 속에서 각각 다르게 나타나고 있다. 또한 마한 정치 문화적 전통의 강약에 따라 때로는 백제 영역화 이후까지도 마한문화의 전통이 지속적으로 유지되고 있는 양상도 보인다.

I군은 금강 정맥을 중심으로 다시 금강과 만경강유역으로 세분되는데, 금강유역에 해당하는 소국 중심은 함라·함열·황등지역(I-1소국:감해국)과 군산지역(I-2소국:비리국)으로 나뉜다.

I-1소국에서 대표적인 유적은 나지막한 5기의 분구묘가 나란히 배치된 황등 율촌리 유적으로서 익산지역에서 최초로 발견된 저분구묘라는 데 큰 의의가

있다. 1호분은 분구만이 축조되
었고 매장부가 시설되지 않아 선
분구 후매장이라는 분구묘의 특
징을 잘 보여주는 예라 하겠다.
특히 5호분에서는 영산강유역에
서 가장 이른 시기의 대형옹관이
발견됨으로써 3세기 대에 마한의
영역이 상당히 넓었음을 알 수 있
다. 또한 영산강유역 대형 분구
묘의 조형이 전북지역에서 발견

익산 율촌리 5호분

되었다는 점에서 마한 성립기의 토광묘에서 분구묘로 빠르게 전환되고 있음을
알 수 있다.

　Ⅰ-2소국의 대표적인 군산의 축동유적과 미룡동 유적을 들 수 있다. 축동유

군산 축동 분구묘 유적 전경

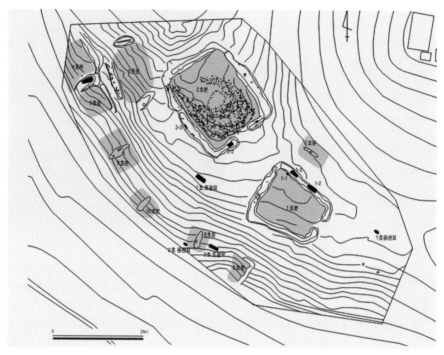

군산 축동 분구묘 배치도

적은 분구묘 10기와 토광묘와 옹관묘 등이 조사되었는데, 능선의 정상부에 대형 분구묘 1, 2호분이 자리잡고 그 하단으로 열을 지어 규모가 좀 작은 분구묘가 배치되는 특징을 보여주고 있다. 특히 2, 3호분에서 출토된 원통형 토기는 함평 중랑유적, 나주 장동유적 등 영산강유역에서 이른 단계의 것들과 통하고 있다. 이를 통해 비리국으로 비정되는 Ⅰ-2소국은 서해를 통한 전남일원과 활발한 교류가 있었던 마한 정치체로서 친연성을 읽을 수 있다.

금강하구유역에 위치하고 있는 Ⅰ-1-2소국의 중심연대는 3~4세기에 해당하고 있는데, 이 지역은 백제가 한성기부터 대외관문으로서 주목하고 있던 지

역이었다. 웅진과 사비기에 들어서 금강하구는 대외관문 역할을 하는 중요한
요충지로서 백제는 이 지역에 대한 장악력을 강화할 수밖에 없었을 것이다. 금
강 하구유역은 호남의 어느 곳보다 일찍부터 백제 석축묘가 축조되고 있는 사
실이 이를 증명하며, 이 지역에서 마한 분구묘는 4세기 이후 크게 발전하기 못
하고 소멸된 것으로 보인다. 그것은 백제의 영역화 과정에서 이 지역의 마한 소
국은 일찍이 백제에 편입된 것으로 이해할 수 있다.

만경강유역의 마한 소국

전북지역의 마한 소국은 함열·함라 일대의 감해국(感奚國), 고창의 모로비리국(牟盧卑離國), 김제의 벽비리국(闢卑離國) 등에 대한 의견이 모아지고 있을 뿐, 대부분 연구자 개별 의견만이 제시되고 있을 뿐이다. 문헌자료의 한계를 극복하기 위해서는 고고학적인 자료를 근간으로 마한 소국의 공간적 범위를 추론할 수밖에 없다. 이 역시 문자기록이 발견되지 않는 한 구체적으로 마한 소국명칭을 대입하기에는 한계가 있다.

만경강유역에서는 익산시, 완주군, 전주시, 김제시 등을 4개 지역별로 마한 분구묘나 주거 유적의 빈도수가 높게 나타나 마한 소국의 중심으로 비정할 수 있다. 이러한 구분은 편의상 현재의 행정구역 중심이지만 인접된 지역에서는 중첩되고 있다. 먼저 익산시(Ⅰ-1소국)의 주요유적은 모현동과 영등동 일원에 분포되어 있는 분구묘와 주거유적을 들 수 있다. 모현동 묵동유적의 분구묘는 수평 확장과정 및 출토유물을 보았을 때 5세기 중 후엽에 조성된 것으로 보인다. 또한 금강유역의 백제 석축묘에서 출토되는 고배와 직구호 등 동일한 유물이 부장되어 동시대에 축조된 것임을 알 수 있는데, 금강유역과 달리 마한의 전통적 묘제가 지속되고 있음을 보여주는 예이다.

완주(Ⅰ-2소국)지역 중심 마한 소국의 주요 유적은 완주 상운리와 수계리 분구묘, 그리고 익산 사덕의 주거유적으로 들 수 있다. 완주 상운리 유적은 완만한 구릉 일원에 위치하며, 전기단계부터 후기단계의 분구묘가 분포하고 있어

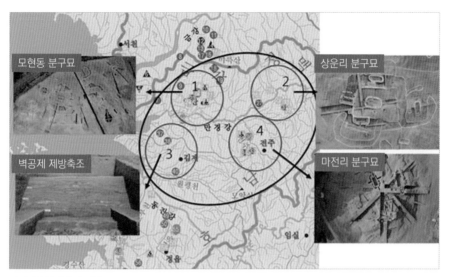

만경강유역의 추정 마한 소국

그 변화과정을 보여주고 있다. 그 가운데 가-1지구의 1호분의 매장주체인 토광
에는 점토곽을 시설한 후 목관을 시설한 것으로 규모나 축조방법에서 볼 때 최
고 유력자의 것으로 추정된다. 이는 부장유물인 환두대도, 금동이식, 철정, 철
부, 철촉 등의 다양한 철기유물과 옥류, 토기 등에서도 뒷받침되고 있다. 완주
상운리 분구묘는 군집양상과 규모, 출토유물 등에서 마한의 전통을 유지하고
있던 고도의 철기제작 기술을 소유하고 있었던 유력 집단에 의해 축조된 것으
로 추정된다.

벽비리국(闢卑離國)으로 비정되는 김제일대(Ⅰ-3)에서 주목되는 유적은 농경
수리유적인 벽골제를 들 수 있다. 벽골제는 『삼국사기』의 기록에 의하면 330년
에 시축된 것으로 기록되어 있는데, 이 시기는 백제가 김제지역을 영역화하기
이전에 해당한다. 발굴결과 부엽공법과 토낭을 쌓아 제방을 축조하고 있는데,

토낭을 이용한 수법은 마한 분구묘를 성토하는 수법과 같아 벽골제 축조 주체는 마한 세력으로 추정할 수 있다.

전주지역의 소국(I-4)은 불사분사국(不斯濆邪國)으로 비정되고 있는데, 주요 유적으로는 축조 중심연대가 5세기 중엽에서 6세기 중엽에 걸쳐 축조된 것으로 추정되는 마전 분구묘와 6세기 초에 해당하는 장동 분구묘를 들 수 있다. 그리고 6세기 중엽 이후의 주구를 갖춘 석실분이 축조된 안심유적을 들 수 있다.

이와 같이 만경강유역에서 백제 영역화 이후에도 지속적으로 마한 분구묘가 축조되었던 이유는 마한의 성립지로서 강력한 마한문화의 전통에서 비롯된 것으로 볼 수 있다. 또한 이 지역이 마한의 본향이라는 자긍심은 백제 무왕의 익산천도와 견훤의 후백제 건국으로 이어지고 근대에 이르기 까지 면면히 지속되고 있다.

동진강유역의 마한 소국

동진강유역이라 하면 정읍시와 부안군의 전역, 김제시의 부량면, 봉남면, 죽산면 일대가 해당되고 있다. 이 지역의 마한 소국을 유추할 수 있는 문헌자료는『일본서기』권9 '신공기 49년조'에서 찾을 수 있다. 자료에는 '왜가 신라와 가야 7국을 평정하고 백제를 복속'하는 내용으로 구성되어 있으나, 이 작전은 '왜'에 의한 것이 아니라, '백제'가 근초고왕 대에 가야지역을 비롯하여 영산강과 동진강유역의 서남해안 지역에 진출한 역사적 사실을 바탕으로 윤색된 것으로 그동안의 연구를 통해 밝혀졌다.

그 내용을 좀 더 구체적으로 보면, 백제가 근초고왕 24년(369년) 침미다례(忱彌多禮)를 정벌하자 비리벽중포미지반고사읍(比利辟中布彌支半古四邑)이 백제에 자연스럽게 복속됐다는 것이다. 먼저 침미다례의 위치는 남해안의 해남지역이나 강진, 또는 고흥반도로 비정하며, 비리와 벽중은 내륙지역으로 인식하여, 백제가 해로와 육로를 장악하면서 마한을 복속시킨 것으로 이해되고 있다. 다음 비리벽중포미지반고사읍에 대한 지명 가운데 비리(比利)는 전주 혹은 부안, 벽중(辟中)은 김제, 포미지(布彌支)는 정읍 일대, 반고(半古)는 부안과 태인 일대로 비정되고 있어 4세기 중엽 경에 이르면 전북지역이 백제에 복속되었다는 것을 파악할 수 있다.

한편 고고학적 자료를 바탕으로 마한 유적의 밀집도에 따른 마한 소국의 위치를 추정해 보면, 동진강유역에는 3개의 소국이 위치했을 것으로 볼 수 있다.

정읍 지사리 분구묘

먼저 부안지역의 마한 소국(Ⅲ-1)은 부곡리, 신리, 대동리, 하입석리 등에서 발견된 주구묘 유적이다. 이는 평면이 방형과 제형을 기본으로 하고 있으며, 대체로 1변이 개방되었고, 1, 2개의 모서리가 개방된 형태를 띠고 있다. 주매장주체부는 모두 삭평되어 발견되지 않았지만, 대상부나 주구에서 옹관편과 다량의 토기편이 발견되었다. 유구의 평면형태나 출토유물은 김제에서 발견되는 양상과 비슷하며, 마한 전기에 해당하는 것으로 보인다.

다음으로 정읍지역의 마한 소국(Ⅲ-2)에서 가장 특징적인 것은 영원면의 지사리나 운학리에 남아있는 대형 분구묘의 존재를 들 수 있겠다. 이들 분구묘는 백제의 고분으로 알려져 왔지만, 최근 마한 분묘에 대한 이해가 깊어지면서 마한 분묘의 축조전통이 잘 반영되어 있는 것임을 알 수 있게 되었다. 특히 운학리

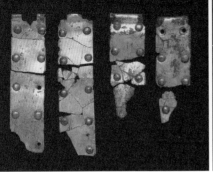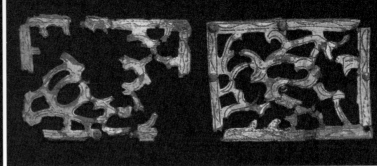

정읍 운학리 분구묘 출토 금동편

3호분에서 발견된 도금된 용문투조과판(龍紋透彫銙板) 등은 피장자의 위계를 살필 수 있고, 고대 한·일간 교류관계를 알 수 있는 중요한 자료로 평가된다.

정읍의 최남단에 위치한 마한 소국(Ⅲ-3) 가운데 신면유적에서는 지점을 달리해서 집자리와 더불어 분구묘 8기가 조사되었다. 신면유적 분구묘 3, 4호의 경우, 주매장시설로는 토광이 중앙에 안치되어 있고, 대상부나 주구 또는 인접된 공간에서 옹관이 발견되고 있다. 이 지역은 지정학적으로 영산강유역과 가깝기 때문에 백제의 중앙세력의 주요 거점이 되었을 것이며, 이는 신정동 백제석실분의 축조에서 뒷받침된다.

동진강유역의 마한 소국은, 마한 전기에 해당하는 주구묘 유적들은 부안지역의 소국(Ⅲ-1)에 주로 분포된 반면, 후기에 해당하는 대형 분구묘들은 정읍 영원면 지사리나 운학리 일대(Ⅲ-2)에 축조된다. 이들 지역을 중심으로 정치적인 구심점이 형성되어 동진강유역 마한 연맹체의 중심국으로서 백제시대에 중방 고사성이 설치되는 근간이 되었다.

유통의 거점 '부안 백산성' 1

사적 409호 백산성이 위치하고 있는 부안군 백산면 용계리의 백산은 표고 47.4m의 높지 않은 구릉이지만, 주변에 드넓은 평야가 펼쳐져 있어서 먼 거리까지 조망하는 데 매우 좋은 자연 지리적 조건을 갖추고 있다. 동쪽으로는 인접해서 직강화가 이루어진 동진강이 서해로 흐르고 있으며, 서쪽으로는 직선거리 1.6km 정도 떨어져 고부천이 서해로 흘러들고 있다.

또한 이 유적을 중심으로 남쪽으로는 고부, 동쪽으로는 신태인, 북쪽으로는 김제로 통하는 육로 교통의 요지라 할 수 있고, 서쪽으로 동진강과 고부천을 통해 서해로 통하기 때문에 해로와 육로를 연결하는 교통의 요충지라 할 수 있다.

부안 백산성 주변 환경

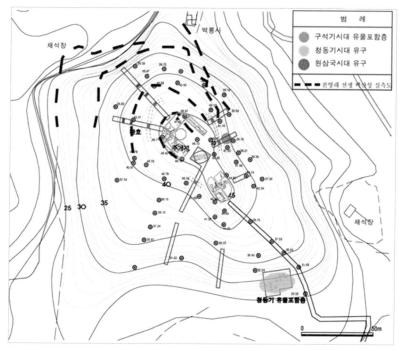

부안 백산성 발굴현황도

　　백제 멸망 후, 부흥운동 전개과정에서 지원군으로 바다를 건너온 왜군을 의자왕의 아들인 풍장왕(豊璋王)이 "직접 백촌(白村)에 나아가 맞으리라"는 기록이 『일본서기』에 보이는데, 백촌이 바로 백산성에 해당한다. 또한 백산성의 정상부 평탄지대에는 '동학혁명기념탑'이 세워져 있는데, 이곳은 1984년 갑오동학 농민전쟁 당시에 동학군이 혁명의 기치를 들었던 이른바 '백산기포(白山起包)'의 역사적 현장으로도 잘 알려져 있다. 죽창을 들고 이곳 백산으로 모여들었던 흰옷 입은 농민들의 당시 상황을 "앉으면 죽산, 서면 백산"이라고 표현한 것을 보면 얼마나 많은 농민들이 이 전쟁에 참여했는지 짐작된다. 이와 같이 백산성이 백

부안 백산성 출토 탄화 곡물류

제 부흥운동이나 동학농민전쟁의 거점이 될 수 있었던 것은 교통의 요충지라는 지리적 요인이 가장 크게 작용했을 것이다.

백산성은 백산의 정상부를 감싸고 있는 테뫼식 산성으로 전체 둘레는 1,064m에 달하며 평면 장축 길이는 358m, 폭 230m에 이르는 것으로 알려져 왔다. 이 산성에 대해서는 3차에 걸쳐 발굴조사가 실시되었는데, 당초 예상되었던 백제시대의 성벽은 확인되지 않았다. 1차 조사에서는 정상부에서 원삼국시대 집자리 1기와 구석기시대 문화층과 청동기시대의 유물포함층과 방어시설로 판단되는 3중의 다중환호가 경사면을 따라 굴착되었음이 확인되었다.

2차 조사에서는 원삼국시대 주거지 17기, 시대미상의 석관묘 1기, 구상유구와 주혈군이 확인되었다. 출토유물은 완, 발, 장란형토기, 시루, 주구토기 등 자비용기가 주를 이루고 있으며, 이외에도 방추차, 철도자, 옥 등이 출토되었다. 특히 자연유물로는 쌀, 밀, 보리, 조, 콩, 팥 등의 탄화작물종자와 다양한 잡초종자, 동물의 뼈 등이 다량으로 출토되었다. 그 중에서도 다양한 종류의 곡물류는 이곳이 바로 농산물의 집산지로서 유통의 거점이 되었다는 사실을 뒷받침하는 적극적인 자료라고 볼 수 있다.

한편 2차 조사의 주거지 4기에서 나온 탄화작물과 1차 조사에서 출토된 탄화 목제에 대한 방사성탄소연대 측정결과, 북서쪽 주거지들은 2세기 전반에서 3세기 전반에 해당하고, 남동쪽에 밀집된 주거지의 연대는 3세기 전반에서 4세기 중반으로 나타나고 있어서 인근에 위치하는 벽골제의 초축연대나 영원면 일대의 분구묘 연대와 대체적으로 일치하고 있다. 특히 3차 조사에서는 해발 39~43m에서 4중의 환호가 확인되었고, 그 가운데 2호와 3호의 환호 사이 해발 약 42m에서 2기의 집자리가 발견되었다.

이러한 자료들을 종합해 볼 때, 사적 제409호 백산성의 성격은 백제시대의 태뫼식 산성이 아니라 환호로 둘러싸인 유통의 거점과 같은 특수목적의 유적으로 재정리되어야 할 것이다.

유통의 거점 '부안 백산성' 2

인류는 생존과 편리한 삶을 영위하기 위하여 자연적인 조건을 최대한 이용해 왔을 것으로, 그들이 남겨놓은 유적의 주변 환경을 통해 이를 확인할 수 있다. 예를 들면 생활의 터전인 집자리는 우선적으로 자연의 재해로부터 인간을 보호하기에 유리한 조건을 충족하는 곳을 선택하여 자리잡고 있다. 또한 죽음의 공간에 해당하는 분묘를 축조하는 데는 기본적으로 배산임수(背山臨水)의 자리를 선택하지만, 그 집단들 속에 내재되어 있는 전통이나 사상 등이 반영되는 지리적 선택을 하고 있기도 하다.

이와 같이 다양한 종류의 유적들은 자연환경과 어우러져 형성되는 것이 보편적 현상이며, 이를 유적 경관이라 부르고 있다. 따라서 유적 경관은 유적의 성격을 규명하는 데에 중요한 요소가 된다.

부안 백산성 역시 이러한 부분을 간과할 수 없다. 백산성의 주변은 내륙에서 사방으로 통하는 길목에 해당하고, 남북으로는 고부천과 동진강이 감싸고 흘러 서해로 통하고 있다. 이러한 지리적 조건은 유적 경관의 관점에서 보면 내륙과 해안을 연결하는 교통의 요충지로서 매우 적합한 위치에 해당한다. 또한 이곳의 수로교통과 관련해서는『신증동국여지승람』의 부안현 산천조에 주목되는 기사가 보인다. 그 내용을 보면 백산성에서 서해로 나아가는 길목에는 "東津이 위치하는데 이를 通津이라고도 하며, 벽골과 눌제의 물이 합쳐져 북으로 흘러 이 나루가 되는데, 현에서 16리에 있다."라 하여 김제 벽골제와 고부의 눌제로 통

부안 백산성 주변 현황

하는 수로임을 밝혀주고 있다. 특히 동진을 통진이라고 부르고 있었다는 점은 발음에서 유사성도 있지만, 통진이라는 명칭은 사방으로 통한다는 의미도 내포하고 있기 때문에, 이곳이 곧 유통의 거점으로서 적합한 지역이라는 사실을 알 수 있다.

2008년도의 1차 발굴조사에서 확인된 3, 4중의 환호는 정상부의 건조물 유구들을 겹겹이 둘러싸고 있기 때문에 적이나 도적, 혹은 다른 동물들이 정상부까지 접근하는 것을 어렵게 하는 시설임에 틀림없다. 그렇다면 정상부에는 보호해야 할 특별한 시설이나 물건이 있었을 것이며, 그것은 바로 유통이나 중앙으로의 운반을 위한 잉여 농산물의 보관처가 아니었을까 생각된다. 발굴조사 결과 이곳에서 다량으로 출토된 여러 종류의 곡물류가 이를 뒷받침해 준다.

한편 백산성의 축조 집단이나 그 시기는 유적에서 출토된 토기를 통해서 살필 수 있다. 한반도 서해안 일대의 마한 집자리에서 출토되는 것들과 같은 기종으로서 제작기법이 동일한 자배기나 장란형토기 등은 백산성이 3세기 말에서

부안 백산성 출토 토기류

4세기 전반경에 마한세력에 의해 축조된 유적임을 알려준다. 그런데 백산성의 축조연대는 인근 벽골제나 마한 분구묘 유적인 지사리 고분군과 동시대에 해당하는 것이다.

이러한 자료를 통해 우리가 주목해야 할 것은 지금까지 마한유적이 발견되는 일정한 공간적 범위 내에서 이와 같이 다양한 유적이 집중되어 있는 유일한 지역이 바로 동진강유역이라는 것이다. 이와 같은 동진강유역의 유적경관은 마한 제소국의 당시 모습을 그려볼 수 있는 척도가 될 수 있으며, 백제시대 지방통치의 중요 거점이었던 '중방 고사성(中方 古沙城)'이 설치될 수 있는 배경이 되었을 것이다.

김제 벽골제의 축조세력은 마한이었다

김제 벽골제(사적 제111호)는 제천 의림지, 밀양 수산제와 더불어 3대 저수지로 알려져 있는데, 그 가운데 벽골제는 가장 오래되고 가장 큰 규모로서 명실상부하게 우리나라 고대 저수지를 대표하고 있다. 벽골제의 축조와 같은 대규모 토목공사는 고대의 중앙집권적 국가에서만이 가능했을 것으로 인식되어 왔다. 따라서 풍납토성과 같이 거대한 토성을 축조할 수 있는 수준높은 기술력과 대규모 노동력을 동원할 수 있는 국가 권력을 정비한 백제에 의해 3세기 중엽에 벽골제가 축조된 것으로 파악하였으며, 축조의 주체세력 또한 백제의 중앙으로 인식되어 왔다.

풍납토성의 축조방법은 우선 사다리꼴에 가까운 형태의 중심 토루를 구축하고, 그것을 중심으로 내벽과 외벽을 덧붙여 쌓아 나갔다. 이처럼 여러 겹의 토루를 덧붙여 전체 성벽을 완성한 방법이야말로 풍납토성의 성벽 축조 방식에서 가장 특징적인 점이라 할 수 있는데, 이러한 방법은 기본적으로 중국 선사시대 성벽 축

서울 풍납토성 성벽 축조상태

상 김제 벽골제 제방축조 상태
하 영암 방대리 분구묘 축조상태

조방법과 크게 다르지 않은 것으로 보고 있다.

그런데 벽골제의 축조방법은 그동안의 발굴조사 결과를 보면, 점토 흙덩이(土囊)를 이용해서 접착력을 높여 견고하게 쌓고 있음이 확인되었다. 이러한 수법은 호남 서해안지역에 분포하고 있는 마한 분구묘의 축조방법과 매우 비슷한 방식임을 알 수 있다. 대표적으로 영암 내동리 초분골 1호분, 나주 신촌리 9호분, 영암 신연리 9호분, 나주 복암리 3호분, 고창 봉덕리 1호분 등의 분구 성토과정에서 보이는 토층이 벽골제 제방의 성토방식과 매우 유사함을 발견할 수 있다. 또한 벽골제의 초축연대는 방사성탄소연대 측정결과에서 백제가 이 지역을 영역화하기 이전인 문헌 기록대로 330년에 해당하는 것으로 밝혀졌다.

그렇다면 과연 백제 중앙세력이 아닌 이 지역의 마한 세력에 의해서 거대한 토목공사인 벽골제가 축조되었을 것인가? 이를 뒷받침할 수 있는 적극적인 자료는 3, 4세기에 들어서면서 호남지역에서는 집자리 수가 급격하게 증가하면서 취락이 대규모로 변화한다는 점이다. 전북 서부지역에서만 20여 개소가 군집을 이루고 발견되었고, 그 가운데 익산 사덕유적은 100여 기, 전남 담양 태목리에 서는 400여 기 이상의 대규모 취락이 확인되었다.

이러한 자료에 의거할 경우, 3, 4세기가 되면 마한 사회는 인구가 급격하게 증가하게 됨에 따라 노동인력이 풍부하게 되었고, 한편으로는 식량자원의 확보가 시급한 과제가 되었을 것이다. 따라서 안정적으로 농사를 지을 수 있도록 벽골제와 같은 관개시설이 절대적으로 필요하게 되었을 것인데, 마한 세력집단은 분구묘의 축조를 통해서 높아진 기술력을 바탕으로 거대한 토목공사의 결정체인 벽골제 축조가 가능했던 것이다.

벽골제의 초축 기록은 『삼국사기』의 백제본기가 아니라 신라본기의 흘해이사금(訖解尼師今) 21년조에 기록되어 있다. 그럼에도 불구하고 대부분 연구자들은 구체적인 비판없이 벽골제가 위치한 지역이 백제 고지라는 이유로 벽골제의 초축을 백제 비류왕 27년(330년)으로 비정하고 있다. 『삼국사기』 찬술 방식을 살펴보면, 마한에 대한 정보가 매우 소략화되어 있다는 느낌을 지울 수 없다. 다시 말하면 벽골제 시축에 대한 내용은 백제본기에는 원래부터 없었고 마한과 관련된 기사에 포함되었을 가능성도 배제할 수 없다.

최고의 철기제작 집단 '완주 상운리 사람들'

고고학 자료란 당시의 사람들이 남겨놓은 직접적인 자료라는 점에서 문헌자료에 비해 높은 사료적인 가치를 부여할 수 있다. 문헌자료가 절대적으로 부족한 한국 고대사회를 연구하는 데 있어서 고고학 자료는 거의 유일하게 연구대상이 될 수밖에 없는 실정이다. 그 중에서도 분묘는 구조나 부장된 유물에서 축조 집단의 사상적 측면이나 생활상을 파악할 수 있다는 점에서 매우 중요한 고고학 자료로 취급된다.

완주 상운리 유적은 익산–장수간 고속도로의 나들목을 건설하는 과정에서

완주 상운리 분구묘 유적

나지구

가–1지구

가–2지구

다지구

확인된 유적으로, 2003년부터 4년에 걸쳐 조사가 이루어졌다. 유적의 입지환경은 전라북도의 동부산간지대와 서부평야의 접경지대에 해당하며, 만경강의 상류인 고산천과 소양천이 인접해 있어 방어와 교통이 유리한 조건을 갖추고 있다. 조사결과, 해발 35~40m 정도의 낮은 구릉에 많은 수의 마한 분구묘를 비롯하여 청동기시대 지석묘와 고려·조선시대의 토광묘가 확인되었다. 이 유적에서 특히 주목되는 것은 조사된 마한 분구묘의 구조나 출토유물을 통하여 마한 사회의 변천과정이나 성격 등 한 단면을 살필 수 있게 되었다는 점이다.

마한 분구묘는 4개 지점에서 30여 기가 조사되었는데, 대부분 피장자 1인을 위한 분묘가 아니라 주구를 갖춘 중심 매장부 주위에 또 다시 매장부와 주구가 추가되는 다장(多葬) 형태의 분구묘로 확인되었다. 분구 내에서 확인된 매장부 유형은 점토곽(粘土槨)과 목관 116기, 옹관 38기, 석곽 9기로 구분된다. 그 가운데 흙덩이를 이용하여 매장부를 축조하는 점토곽 방식의 채용 사례는 상운리 분구묘에서 처음 확인되었는데, 이러한 방식은 익산 황등제나 김제 벽골제의

완주 상운리 나지구 분구묘

제방이나 영산강 유역의 분구묘의 분구 축조기술에서 확인된 바 있다. 이러한 분묘의 축조 방식은 혈연을 기반으로 조성된 마한 분구묘의 특징을 잘 보여주고 있으며, 매장부 구조나 규모의 차이는 계층성을 반영하고 있는 것으로 보인다.

출토 유물은 토기류 321점, 철기류 500여 점, 옥류 6,000여 점으로 방대한 양의 부장유물이 쏟아져 나왔는데, 이 가운데 주목되는 유물은 단연 철기 유물이다. 일반적으로 마한 분묘에서는 철기가 수십여 점 정도 출토되는 것에 비해 이 유적에서는 압도적으로 많은 양이 출토되었다. 철기는 주로 분구 내의 점토곽과 목관에서 출토되

상 완주 상운리 가, 나지구 출토 토기류
하 완주 상운리 가, 나지구 출토 철기류

었는데, 그 종류 및 비율을 보면 무기류 25%, 농공구류 40.8%로서 무기류와 농공구류가 대부분이며, 그 이외에도 마구류와 기타 철기류가 있다.

이들 철기 가운데 망치와 집게, 그리고 줄, 철착, 쐐기, 모루 등으로 구성된 20세트의 단야구는 한반도에서 가장 많은 수가 출토되었다. 이를 통해 상운리 분구묘의 조영집단은 철기를 생산하는 최고의 하이테크 기술을 소유하고 있었

던 집단으로서 마한 사회의 성장과 발전에 중요한 역할을 담당했을 것으로 보인다. 그들은 왜 사용 가능한 단야구와 같은 생산도구를 무덤에 부장했을까? 어쩌면 그들은 철기 제작 기술을 매우 신성하게 여겼기 때문에 다른 사람이 사용하는 것을 금기했던 것은 아닐까. 또한 혈연을 기초로 축조되는 분묘의 양상과 부장유물에서 볼 때, 철기의 생산 기술은 대대로 상속되어 백제 영역화 이후 5세기 후반까지 주요한 철기 생산 집단으로 존속되었을 것으로 보인다.

고창의 모로비리국(牟盧卑離國)

전북지역에 자리잡고 있었던 마한 소국의 중심지를 고고학적인 자료를 활용하여 추정해 보면 12개소에 달하며, 고창지역의 경우 3개의 중심지를 상정할 수 있다. 첫 번째 중심지(Ⅳ-1소국)는 해안가 지역에 인접한 해리면·상하면·심원면 일대로서 주요 유적은 왕촌리·자룡리의 분구묘와 두어리·하련리의 주거유적을 들 수 있다. 두 번째 중심지(Ⅳ-2소국)는 고창읍과 고수면 일대에 해당하는데, 봉덕리·만동·남산리의 분구묘와 석교리·부곡리·봉덕·남산리에 군집을 이루고 있는 주거유적 등이다. 그리고 세 번째 중심지(Ⅳ-3소국)는 대산면·성송면·공음면 일대로서 성남리·광대리의 분구묘 유적을 들 수 있다.

특히 고창읍과 고수면·아산면 일대의 Ⅳ-2소국은 반경 5km 이내에 마한유적의 밀집도가 가장 높은 지역으로서 봉덕리 고분군에서 출토된 자료를 보면, 백제 영역화 이후에도 대형 분구묘 축조 전통이 유지되고 있다. 고창 봉덕리 1호분은 5세기 이후 등장하는 대형 고분으로 4호 석실에서는 금동신발, 중국제 청자호, 은제장식대도, 청동탁잔, 성시구 등이 출토되었고, 5호 석실에서는 금동신발편, 대금구 등이 출토되었다. 이러한 유물로 볼 때, 봉덕리 일대의 마한 세력은 백제의 영역화 이후에도 상당한 정치 세력을 유지하고 있었음을 보여주고 있다. 따라서 고창 봉덕리 고분군은 백제의 중앙과 지방의 관계를 파악할 수 있는 귀중한 자료로 판단된다.

고창지역은 마한의 54개 소국 가운데 모로비리국(牟盧卑離國)으로 비정되고

4호분 3호분 2호분 1호분

고창 봉덕리 분구묘 원경

있으며, 이 명칭을 이어받아 백제시대에는 모량부리현(毛良夫里縣) 또는 모량현
(毛良縣)으로 불렸다. Ⅳ-2소국 중심지 일대에서 마한문화유적을 축조하고 영
위한 주체는 현재까지 확인된 고고학 자료로 볼 때, 바로 모로비리국의 중심세
력으로 추정할 수 있으며, 주변의 마한 소국연맹의 맹주국으로서 그 위상이 있
었음을 짐작할 수 있다.

　고창 해안지역에 자리하고 있는 Ⅳ-1소국의 자룡리 분구묘에서는 주구 내에
서 시유도기(施釉陶器)와 다량의 유공광구소호가 출토되는 특징을 보인다. 또한
왕촌리 분구묘에서는 나주 신촌리 9호분 출토 원통형토기와 거의 유사한 형태
의 출토품이 주구 내에서 다수 확인되어 영산강유역과의 교류 및 연관성을 상
정할 수 있다. 또한 서해안에 인접한 점을 고려할 때 고창지역의 마한 소국은

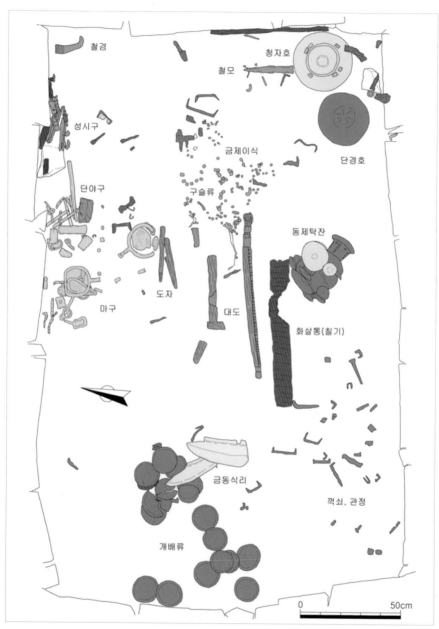

철겸

철모

청자호

성시구

금제이식

단경호

단야구

구슬류

동제탁잔

도자

마구

대도

화살통(칠기)

금동식리

꺽쇠. 관정

개배류

0   50cm

고창 봉덕리 4호석실 유물배치도

해상을 기반으로 한 세력으로 추측해 볼 수 있다.

고창 남쪽의 중심지(Ⅳ-3소국)는 전남 영광과 바로 연결되는 지형으로 고창 대산면을 중심으로 성남리, 광대리에서 다수의 분구묘 및 주거 유적이 분포하고 있다. 또한, 인접한 지점에 영광 군동 분구묘 유적도 위치하고 있어 Ⅳ-3소국은 이 일대를 중심으로 하는 세력을 상정해 볼 수 있다.

위와 같은 자료들을 볼 때, 고창지역의 마한문화는 영산강 유역과의 교류나 고대 한일간의 문화교류, 나아가서는 마한에서 백제로 변화하는 시기의 모습도 종합적으로 살펴 볼 수 있는 매우 중요 지역임을 알 수 있다.

모로비리국(牟盧卑離國)의 국제성

고창 봉덕리 일대에는 대형 분구묘 5기 외에도 많은 수의 마한 유적들이 분포하고 있어서 이곳을 중심으로 마한 '모로비리국'이 자리잡고 있었음을 추정할 수 있다. 대표적으로 2001년 아산-고창간 지방도 확·포장 공사구간에서 발견된 봉덕유적은 추정 방형분 1기와 주구 6기, 인근 구릉의 사면에서 52기의 집자리가 발견되었다. 그리고 2002년에 조사된 만동유적에서는 봉덕유적보다 이른 단계에 해당하는 분구묘 13기, 단독묘 4기 등에서 환두도와 철부 철모, 그리고 다양한 옥으로 만든 장신구가 출토되었다.

봉덕리 1호분은 발굴조사 결과 파괴된 석실 내에서 발견된 중국제 청자편과 금동신발편과 특히 4호 석실에 부장되었던 금동신발을 비롯한 화려한 위세품을 통해 모로비리국의 중심세력에 의해 축조된 것임을 알 수 있다. 그런데 분구 내에 위치하고 있었던 5기의 석실 가운데 규모가 가장 작은 4호 석실에 부장되었던 중국제 청자와 소호장식광구호(小壺裝飾廣口壺)는 모로비리국의 국제적인 교류관계를 살필 수 있는 단서로 주목된다.

4호 석실에서 발견된 중국제 청자는 석실의 남동 모서리에 뒤집어져 있던 토기 항아리와 같이 세워져 놓여 있었다. 이 청자는 높이 36.8cm로서 아가리가 작은 쟁반과 같은 반구호(盤口壺)로서 최대 너비를 이루는 어깨에는 6개의 고리가 부착되었다. 각을 세워 만든 고리는 횡으로 2개를 한조로 반대편에 대칭으로 부착하고 그 사이에는 동일한 형태의 1개씩의 고리를 역시 대칭으로 부착하였다.

좌 고창 봉덕리 1호분 4호석실 출토 중국제 청자
우 고창 봉덕리 1호분 4호석실 출토 소호장식광구호 및 기대

시유된 유약은 녹황색의 탁한 색조를 띠면서 거친 편인데, 동체부 하단에서 바닥까지는 시유되지 않았다. 이러한 고리 모양을 특징으로 하는 반구호는 중국에서는 동진 말기에서 남조 초기에 해당하는 5세기 초반으로 추정되고 있다.

소호장식유공광구소호는 석실 내의 남벽 중앙에서 호와 받침이 한 세트를 이루고 발견되었는데, 우리나라에서는 최초로 출토된 예이다. 아가리가 넓은 호의 어깨에는 형태가 동일한 4개의 작은 광구호를 부착하고 하나의 구멍을 뚫고 있으며 둥근 바닥을 가지고 있는데, 높이는 17.4cm이다. 받침으로 사용된 고배는 높이가 15.0cm로서 배신의 아가리는 넓고 그 아래에 2조의 돌대를 돌리고 그 밑에는 파상문이 시문되어 있다. 대각은 그리 높지 않으며 세장방형의 투창을 4곳에 뚫고 각 투창 사이의 하단에는 원형 구멍을 뚫었다. 한편 대각의 바닥은 일반적인 고배와 달리 막음 처리를 했는데, 그 안에는 2개의 토제 구슬이 담겨 있어 흔들면 방울처럼 소리가 난다.

이러한 형태의 소호장식광구호는 중국에서는 우리엔콴(五聯罐)이라 불리며 청자로 제작된 것이지만, 후지엔성(福建省)민허우(閩侯)통꺼우산(桐口山) 출토의 동진시대 것과 통하고 있다. 또한 일본에서 발견된 예를 보면 장식호와 받침인 기대가 부착된 상태로 제작방법에 있어서 차이를 보이고, 특히 6세기 중엽 이후의 것들은 매우 높은 기대가 부착되어 있다.

봉덕리 1호분 4호 석실에서 발견된 중국 동진대의 청자는 현지에서 제작된 것으로 한반도에서 다수 발견 예가 있다. 한편 소호장식유공광구호는 일본의 고분시대의 스에끼(須惠器)와 토기제작수법과 유사한 점이 있지만, 고창에서 제작된 것으로 생각된다. 이러한 유물자료를 볼 때, 봉덕리 주변의 마한 분구묘와 집자리를 축조했던 모로비리국의 중심세력은 중국과 일본을 아우르는 폭넓은 국제적 교류를 통해 백제 영역화 이후까지 세력을 유지할 수 있었던 것이 아닐까 한다.

보물로 지정된 봉덕리 금동신발

사적 제531호 고창 봉덕리 고분군에서 출토된 금동신발이 30일간의 공고기간을 거쳐 4월 21일 보물 제 2124호로 지정되었다. 완주 갈동유적의 세형동검 거푸집에 뒤이어 봉덕리 마한분구묘 유적에 출토된 금동신발이 보물로 지정됨에 따라 전북지역의 마한 문화의 위상을 재확인하는 계기가 되었다.

금번 금동신발의 보물지정과 관련하여 필자는 2009년도 봉덕리 고분군 발굴 당시의 책임자로서 많은 생각을 갖게 한다. 그것은 지방자치단체의 열악한 재정을 무릅쓰고 지역의 역사 문화적 정체성을 확립하고자 했던 단체장의 강력한 의지가 없었다면 불가능한 발굴이었기에 지면을 빌어 당시 군수님과 담당자들에 경의를 표하고 싶다.

사실 봉덕리 1호분의 몇 개월에 걸친 발굴조사가 거의 마무리 단계까지도 매장주체부로 축조된 석실들이 대부분 도굴된 상태여서 출토유물 역시 대부분이 토기 파편뿐이었다. 그나마 수습된 중국제 청자의 작은 파편에서 조사단은 '학술적 위안'을 삼아야 했을 지경이었다. "지성이면 감천"이라 했던가. 발굴조사가 마무리될 무렵에 분구의 동남 모서리 근처에서 도굴의 피해를 당하지 않은 석실 1기가 발견되었다. 조사결과 이 석실은 수혈식으로 이미 확인되었던 횡혈식과는 다른 구조의 석실이었는데, 만일 이보다 규모가 월등한 횡혈식 석실이 도굴의 피해를 당하지 않았다면 얼마나 화려한 부장유물이 우리와 마주할 수 있었을까. 참으로 안타까움을 넘어 고대사 복원의 진정한 사료를 무참히 짓밟

고창 봉덕리 1호분 4호석실 전경

아 버린 도굴의 만행에 분노마저 느끼게 했다.

　마침내 석실 내부의 조사 일정을 정하고, 석실의 뚜껑돌을 들어올리기 전에 작은 틈새로 카메라로 촬영하여 내부를 살펴보니 부장된 유물들이 완전한 상태로 배치되어 있는 것이었다. 그 가운데 피장자 발치쪽에서 한 켤레의 금동신발이 시야에서 빛을 발하고 있었다. 순간 우리 조사단에서 수습할 수 없음을 직감하고 문화재청에 긴급 지원 요청하여 3일에 걸친 작업 끝에 국내에서 가장 완전한 형태의 금동신발을 수습할 수 있었다. 이외에도 은제머리장식, 소호장식 유공호 및 그릇받침, 장식대도, 청동제 탁잔, 화살통, 중국제 청자, 각종 토기류 등이 부장되어 있었다.

금동신발은 뒷부분이 포개어진 상태로 노출되었고, 우측 신발 내부에서 직물과 함께 뼈가 확인됨으로써 착장한 상태로 부장되었음을 알 수 있었다. 신발의 길이는 32cm, 너비 10.7cm, 최대 높이 11.9cm로 계측되지만, 양측의 신발이 약간의 차이가 있다.

먼저 제작수법을 보면 금동제 판을 목깃, 좌우 측판, 바닥으로 나누어 결구하고 있다. 양 측판 상부 안쪽으로 높이 2cm의 목깃 판을 세우고 그 둘레에 9개의 리벳을 박아 고정하였다. 신발의 앞부분 곧 콧등에 해당하는 곳에는 4개의 리벳으로 양 측판을 겹쳐 결합하고 있으며, 뒷축 부

상 봉덕리 1호분 4호석실 내 금동신발 출토상태
하 봉덕리 1호분 4호석실 출토 금동신발

분에도 역시 양 측판을 겹쳐 3개의 리벳을 상하로 고정하고 있다. 그리고 양 측판의 하단은 둥글게 접어 그 안에 바닥판을 넣어 받칠 수 있도록 한 후 양측에 각각 4개씩 작은 리벳으로 고정하고 있다.

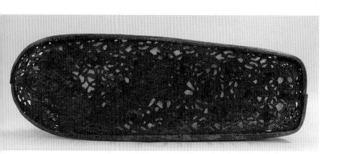

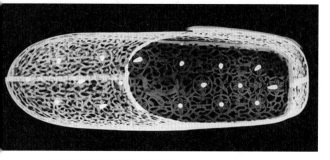

상 금동 신발의 바닥 장식문양
하 금동 신발의 엑스레이 사진

이 금동신발의 가장 큰 특징은 목깃을 제외하고는 전체적으로 투조로 구획하고 수많은 상서스러운 동물을 화려하게 배치하고 있는 점이다. 양 측판을 보면 상·중·하 3단으로 문양대를 구획했는데, 상하에는 풀 혹은 구름으로 추정되는 문양을 반복적으로 배치하고 있다. 3단 가운데 중간의 문양대가 중심을 이루고 있는데, 기본적으로 중앙 부분에 귀갑문 곧 육각형으로 구분하고 상하에 반육각형의 문양대를 형성하여 3단으로 구분된다. 상하 반육각형의 내부에는 새(오리)를 비롯한 동물이 배치되어 있다. 또한 귀갑문 내에는 용과 봉황, 인면조와 쌍조문 등이 입체적으로 배치되어 있다.

뒷축 부분에는 양 측판을 결합하여 형성된 3중의 원형 구획 안에 화염문을 투조로 장식하고 있다. 한편 바닥에는 앞에서 뒤쪽으로 4개+5개+5개+4개의 원형 구획을 한 후 각각 6엽의 꽃무늬로 장식하고 중앙에 징(스파이크)를 18개 부착하였다. 원형 구획의 중앙 부분에는 힘찬 용무늬로 장식하고 뒷꿈치 부분에는 역사상을, 앞부분에는 귀면상을 배치하고 있다. 그리고 가장자리에는 양 측판의 상단과 같은 문양을 투조로 장식하고 있다.

금동신발은 고구려, 백제, 신라, 가야, 그리고 일본에서도 발견되고 있는 유물로서 각각의 특징적인 차이를 보이고 있다. 그 가운데에서도 봉덕리 금동신발은 예술적 가치뿐만 아니라 문양의 내용에서도 상서스럽고 신비적인 문양을 입체감 있게 표현한 점에서 최고의 작품으로 꼽힌다.

백제의 영역에서 발견되는 금동신발의 성격에 대해서는 주로 백제 중앙에서 사여를 통한 지방통치의 일환으로 보는 견해가 지배적이지만 현지에서 제작했을 가능성에 대한 견해도 있다. 다만 이러한 금동신발을 착장하고 매장된 피장자의 신분은 지역을 기반으로 하는 최고지배자였을 것임은 쉽게 짐작된다. 고창 봉덕리 고분의 구조나 금동신발을 비롯한 출토유물에서 백제시대까지 마한 모로비리국 전통을 이어받았던 지역 수장의 세력을 엿볼 수 있다.

마한인의 영원한 안식처 옹관 1

죽음이란 어느 누구도 경험해 보지 못한 미지의 세계이기 때문에, 영원한 안식처라 할 수 있는 무덤을 축조함에 있어서 영혼불멸에 대한 강한 믿음이 반영되게 마련이다. 따라서 무덤 내부의 모습은 피장자 생전의 삶의 공간을 재현하거나 혹은 그들의 신념이나 신앙적 내용이 반영되어 있다. 고고학 자료 가운데 무덤은 전통성과 보수성이 강하게 내포되어 있기 때문에, 이를 통해 무덤 축조인의 출자와 문화적 전통을 이해하는 데 매우 유용한 자료로 활용되고 있다.

영산강유역에는 거대한 규모의 분구를 갖춘 고분들이 나주, 영암, 함평 일대에 분포하고 있는데, 그 내부에 시신을 안치한 대형옹관은 이 지역의 특징적인 문화를 잘 보여주고 있다. 이러한 대형옹관은 백제 고지에서 발견되는 고분의 유형과 전혀 다른 것으로 영산강유역에서 마한의 정체성을 확인하는 계기가 되었다.

옹관묘는 전 세계적으로 분포범위가 매우 넓은 편이며, 중국의 경우 신석기시대 대표적인 유적인 서안 반파유역에서 유아용으로 사용된 예가 발견되고 있다. 한반도에서 옹관묘는 청동기시대 중기에 해당하는 송국리문화 단계에 금강 및 만경강유역에서 유행한 묘제로서, 익산 석천리유적에서처럼 옹관을 세워서 안치한 예들이 발견된다. 이후 영산강유역에서는 광주 신창동유적에서 초기철기시대의 아가리를 맞댄 소위 합구식 옹관묘가 다수 발견되었는데, 유아용의 것으로 추정되고 있다. 백제시대의 옹관묘는 일반적으로 일상용으로 사용되던

영산강유역 각지 출토 옹관

호형토기를 이용해 사용한 것이 대부분을 차지하고 있다.

그러나 영산강유역의 대형옹관은 제작 당시부터 옹관으로 사용하기 위해 제작된 성인을 위한 전용옹관이라는 점에서 다른 지역과 차이를 보이고 있다. 이러한 전용옹관은 3세기 무렵에 출현하는 것으로 알려져 있으며, 아가리가 매우 넓으며 어깨에는 톱니무늬를 돌려 장식하고 바닥에는 무문토기 전통의 돌대가 부착되어 있다. 이른 단계의 옹관은 'S'자형의 볼륨을 가지고 있지만, 4~5세기를 거치면서 점차 목이 넓어지고 동체가 길어져 'U'자형으로 변화되는 과정으로 거친다. 또한 바닥에 부착된 돌대는 점차 없어져 음각된 동그라미 형태의 흔적만이 남게 된다.

대형옹관의 구연부 두께는 5~6cm 정도가 보통이지만 두꺼운 것은 10cm가 넘는 것도 있으며, 기벽의 두께는 평균 2cm 정도가 된다. 길이는 50cm에서부터 3m가 넘는 것까지 다양하며 평균적으로 2.3cm에 달한다. 이와 같은 대형옹관

상 광주 하남동 옹관 출토상태
하 영암 내동리 옹관 출토상태

을 제작하기 위해서는 전문화된 고도의 토기 제작기술이 필요한데, 아가리부터
바닥에 이르는 테쌓기 수법을 이용한 것임을 알 수 있다.

　대형옹관 안에서는 철제 못이나 꺾쇠가 나오는 경우도 있는데, 이는 목관이나 혹은 시신을 올려놓기 위한 나무판을 옹관 내부에 사용했음도 확인되며, 이 외에도 옹관 내부에서는 부장유물이 발견되고 있기도 하다. 시신을 납입한 후에는 2개의 옹관을 맞대어 합구한 형태가 일반적이지만, 때로는 목판이나 판석 혹은 대형 토기편으로 옹관을 밀폐하는 경우도 있다.

마한인의 영원한 안식처 옹관 2

영산강유역의 나주, 영암, 함평지역을 중심으로 분포되어 있는 대형 옹관묘는 4~5세기 마한 문화를 상징하는 아이콘으로 불릴 만큼 독특한 문화 요소를 가지고 있다. 이러한 대형옹관에는 마한인들의 내세적 사상이 담겨 있을 뿐만 아니라, 현실적으로 마한 분구묘를 축조하는 과정에서 실용성이나 효율성이 반영되어 있었을 것이다. 따라서 대형옹관을 통해 마한인의 정신세계나 사회구조, 그리고 고도의 토기제작기술에 대한 정보를 읽어낼 수 있다.

　　마한 전기 분구묘의 주매장부는 낮게 성토가 이루어진 분구 중앙부분을 굴착하여 토광에 시신을 안치하고, 때로는 대상부나 주구에 옹관을 배장으로 안치하고 있다. 배장으로 사용된 옹관은 규모가 작은 편으로, 유아나 미성년자가 안치되었을 것으로 추정되고 있다. 이와 같이 하나의 분구묘 내에 주매장부로서 토광과 배장으로서 옹관이 배치된 것에서 보면 혈연에 기반을 두고 축조된 분묘라는 것을 알 수 있다. 시간의 흐름에 따라 점차 배장의 숫자가 늘어나게 되는데, 이는 농업 생

나주 오량동 대형옹관 가마유적 전경

산력이 높아지면서 인구가 증가하고 그에 따른 유아의 출산과 사망률이 높아졌기 때문으로 해석된다.

한편 배장으로 사용된 옹관 중에는 이른 시기에 해당하는 동체가 S자형의 것들이 보이는데, 이를 통해 영산강유역의 대형 옹관은 미성년자용 옹관에서 성인용으로 발전해 나간 것으로 볼 수 있다. 또한 이것은 마한 사회에 대형옹관을 만들 수 있는 고도의 토기 제작기술이 있었기 때문에 가능한 것이었다.

나주 오량동 가마구조

마한 분구묘의 변화과정에서 보이는 가장 특징적인 점은 평면적 혹은 입체적으로 분구가 확장되면서 규모가 커지게 되는데, 이에 따라 분구의 형태는 제형과 같은 부정형에서 점차 방형이나 원형으로 규격화가 이루어진다. 부정형 분구 단계에서 대형옹관이 매장주체로 등장하기 시작하면서 원형이나 방형 분구묘에서는 대형옹관만 안치되지만, 후기 단계에서는 백제를 비롯한 외부의 영향으로 석실도 매장부에 축조된다.

영산강유역에서 대형옹관의 채용은 분구묘의 속성, 곧 분구 중에 매장부의 설치와 분구확장과 깊은 관련성이 있다고 생각된다. 매장시설을 분구 중에 둘 경우 지하에 설치하는 것에 비해서 야생동물의 피해에 노출되기 쉽기 때문에 시신을 보호하기 위하여 대형옹관이 채택되었을 가능성이 있다. 또한 분구확장 과정에서 상·하단으로 토광을 안치할 경우 앞서 안치된 토광이 파괴될 우려가 커진다. 따라서 분구묘 매장주체부로서 대형옹관은 안전하고 효율적인 방식으

나주 신촌리 9호분 옹관 매장상태

로서 최상의 선택이었다고 생각된다.

　대형옹관의 형태는 땅 속에 살고 있는 애벌레나 캡슐, 혹은 계란에 비유하기도 한다. 매미의 애벌레는 땅속에 7년을 머물다가 껍질을 벗고 비로소 매미로 태어나듯이 옹관의 주인공도 사후 부활을 꿈 꾼 것을 아닐까? 나주 장동리 고분의 4세기대 옹관에서는 웅크리고 있는 미성년자 인골이 발견되었는데, 어머니의 자궁 내에서 머물던 모습과도 닮아 있어서 다시 태어나기를 염원하는 간절한 부모의 마음이 담겨 있는듯 하다. 대형옹관의 내벽에는 붉은색을 칠한 것들이 발견되기도 하는데, 역시 사후 부활을 기대하며 영원한 안식처로서 옹관에 잠들어 있던 마한인의 바람은 아니었을까.

나주 신촌리 출토 금동관

왕과 왕비가 착용했을 것으로 추정되는 금동관은 삼국시대의 고고유물 가운데 최고의 위세품이라 할 수 있다. 그런데 백제지역에서는 이러한 금동관이 당시 왕도에서 멀리 떨어져있는 지역에서, 그것도 왕릉이 아닌 분묘에서 그 출토예가 증가하고 있다. 대표적으로 화성 요리 목곽묘, 천안 석곽묘, 공주 수촌리 목곽묘, 서산 부장리 분구묘, 익산 입점리 석실분, 고흥 길두리 석실분, 나주 신촌리 분구묘 등에서 금동관이 출토되었다.

백제지역에서 금동관이 출토되는 분묘 양상은 익산 입점리를 제외하면 중앙 지배세력의 묘제와 다른 다양한 유형의 분묘라는 점에서 각 지역별로 분묘 전통이 다른 토착세력집단을 상정할 수 있다. 또한 금동관이 출토된 분묘들은 한성 백제시대에 축조된 것이어서 당시의 백제 중앙과 지방의 관계를 살펴 볼 수 있는 자료로서 중요한 의미가 있다.

1917년에 발굴조사가 이루어진 나주 반남면 신촌리 9호분은 한 변이 35×30m, 높이 5.5m의 방대형 분구묘로서 분구 내에 상·하 이중으로 12기의 대형옹관을 매장주체부로 안치하고 있다. 그 중 9호 을관에서는 고대 금동관이 거의 완형으로

나주 신촌리 9호분 재발굴 전경

나주 신촌리 9호분 출토 금동관모

한국 최초로 출토되었다. 한편 1999년 국립문화재연구소에 의한 전면 재발굴을 통해 분구의 축조기법을 살필 수 있었고, 분구 중에 세워놓았던 원통형 토기가 확인되었다.

신촌리 9호 을관에서 출토된 금동관은 높이 25.5cm로서 관모와 대관으로 구성되어 있다. 금동관모의 전체적인 형태는 2장의 금동판을 겹쳐 둥글게 감싸 덮은 후, 각각 4개의 원형머리를 가진 못으로 고정한 고깔 형태이다. 좌우 측판에는 연꽃과 넝쿨무늬, 그리고 파상문을 타출(打出)기법으로 전체적인 문양을 표현하였다. 금동대관은 둥근 테에 앞쪽과 양 측면에 3개의 나뭇가지 모양장식을 세운 형태이며, 영락과 유리구슬을 달았다. 기본 형태는 신라 금관과 같으나 머리띠에 꽂은 장식이 신라 금동관의 '山'자 모양이 아닌 복잡한 풀꽃 모양을 하고 있어 양식상 더 오래된 것으로 보인다.

금동관의 주인은 당시 나주 일대를 지배하던 세력의 최고 지도자였을 것으로 짐작되지만, 이 금동관이 현지의 토착 세력에 의해 제작된 것인지 백제로부터 하사받은 것인지에 대해서는 양론이 분분한 편이다. 다만 이러한 금동관이 중앙이 아닌 지방에서만 출토되고 있다는 점과 공반되는 유물이 장식대도나 중국제 청자 등 위세품이란 점에서 백제 중앙에서 일괄적으로 사여되었을 가능성에 무게를 두고 있다. 특히 넓은 지역에서 출토되고 있는 점에 비해서 금동관의 기본 형태나 문양수법에서 공통점이 많아 이를 뒷받침한다고 하겠다.

이와 같이 신촌리 금동관을 중앙에서 하사한 것으로 본다면 백제의 4~5세기

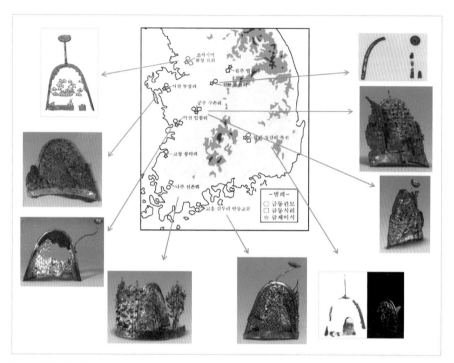

금동관모 출토 유적

의 지방통치와 관련해서 생각해 볼 수 있는데, 곧 담로제나 왕·후제(王·侯制)에서 작위를 받은 지방세력들이 금동관을 착용했을 가능성이 있다. 한편 영산강 유역의 마한 유적에서는 가야나 왜 등 대외교섭이 활발한 증거들이 보이고 있기 때문에, 금동관이 출토된 다른 지역에 비해 백제 중앙과 관계 속에서 좀 더 독자적인 세력집단으로 존재했을 가능성도 제기된다.

마한역사 기록관 '나주 복암리 3호분' 1

나주 복암리 3호분은 몇 년전에 KBS의 역사 관련 다큐프로그램에서 '아파트형 고분'으로 소개되어 많은 관심을 끈 바 있다. 그것은 하나의 분구(墳丘) 내에 41기의 매장(埋葬)시설들이 마치 아파트처럼 중층 구조로 배치되어 있었기 때문에, 그 특징을 잘 묘사한 제목으로 생각된다.

그런데 복암리 3호분은 마한 분구묘의 속성 가운데 가장 마한적인 특징을 잘 보여주고 있는데, 곧 혈연을 기반으로 하나의 분구 내에 무려 300~400년의 시간 폭을 가지고 지속적으로 매장이 추가적으로 이루어졌다는 점이다. 특히 시간의 흐름에 따라 매장부의 구조가 변하고 있는 점이 잘 반영되어 있기 때문에, 이를 통해 마한의 정치 사회문화를 살펴 볼 수 있는 매우 귀중한 유적으로서 가히 '마한역사 기록관' 또는 '마한 박물관'이라 불릴 수 있을 정도이다.

나주 복암리 고분군은 주변의 경지정리가 되기 이전에는 7기가 자리잡고 있어서 칠조산(七造山)이라 불렸으나 경지정리 과정에서 3기는 훼손되고 현재는 4기만이 남아 있다. 이와 같이 대형 분구묘가 저평한 구릉에 옹기종기 자리를 잡고 있어서 마치 산으로 보였던 것으로 이를 인위적으로 조성된 산이라는 의미에서 조산이라는 이름이 붙여진 것으로 생각된다. 그 가운데 규모가 가장 큰 3호분은 1996년에서 1998년에 걸쳐 전남대학교와 국립문화재연구소에 의해서 전면적인 발굴조사가 이루어 졌는데, 조사가 한창 이루어지던 시점인 1998년 2월에 유적의 중요성을 감안하여 사적 404호로 지정되었다.

이 고분의 분구 규모는 동서 36m~38m, 남북 37m~42m, 높이는 6m 정도이며, 평면 형태는 방대형을 이루고 있다. 분구의 하단 주위에는 주구가 돌려져 있는데, 경작으로 인하여 일부가 훼손된 상태였다. 이와 같이 거대한 분구를 갖추게 된 것은 오랜 기간 매장이 이루어지면서 평면적으로 확장되고 상하로 중첩이 이루어진 결과로 판단된다. 곧 조사 결과에서 확인된 분구 조성 이전의 선행기와 분구 조성은 2차에 걸쳐 이루어진 3단계를 거친 것으로 층서관계를 통해 파악되었다. 또한 각 단계마다 매장부의 구조에 따라 다시 2~3단계로 세부적인 분기 설정이 가능하였다.

상 나주 복암리 분구묘 전경
하 나주 복암리 3호분 발굴 전경

선행기는 방대형 분구 조성 이전에 사다리 모양의 분구묘가 주구를 통해 확인되는데, 매장 시설로는 옹관과 목관이 사용되었다. 방대형 분구 조성 1기는 선행기의 분구를 조정 확대하여 축조한 것으로 기존의 분구형태를 유지하면서 주구 및 옹관 사이의 공백을 메웠다. 1기 분구 조성과 함께 안치된 매장시설은 96석실, 수혈식석곽, 옹관 등이

나주 복암리 3호분 매장시설

다. 분구 조성 2기에는 방대형 분구 완성 이후, 성토층을 되파기하여 묘광을 설치한 후 옹관, 횡혈식석실, 횡구식석실, 석곽옹관 등 다양한 매장시설이 보이고 있다.

나주 복암리 3호분은 분구 축조과정 및 매장시설에서 마한 분구묘의 속성을 매우 잘 보여주고 있기 때문에, 이들의 성격을 규명함으로써 마한의 정치와 사회문화의 변화를 추적하는 데 매우 중요한 의미를 부여할 수 있다.

마한역사 기록관 '나주 복암리 3호분' 2

나주 복암리 3호분이 영산강유역의 분구묘 가운데 가장 주목되는 이유는 하나의 분구 내에 400여 년 정도 지속적으로 매장행위가 이루어졌다는 사실이다. 따라서 매장부의 유형 변화를 통해 마한의 정치와 사회문화를 유추할 수 있는 중요한 의미가 있다.

우선 대형분구 축조 이전의 3세기 중엽에서 5세기 중엽에 이르는 선행기에는 난형(卵形) 몸통의 목이 좁은 형태에서 U자형 대형옹관으로 변화된 옹관이 주요 매장부로 채용되고 있다. 이 시기는 영산강유역의 연맹체 세력들이 백제의 영향력에 압박을 받으면서 새롭게 결집·성장하는 단계로 파악할 수 있다.

나주 복암리 96 석실

I기는 5세기 후엽에서 6세기 전엽에 해당하는데, 선행기의 분구를 조정·확대하여 방대형 분구를 축조하는 단계이다. 이 단계에서 새로이 출현하는 96석실은 공주지역의 백제 석실분과는 입지, 평면형태, 축조방법과 구조에서 차이를 보이고 있는

데, 일본 구주지역과 교섭을 배경으로 등장하는 소위 영산강식이라 할 수 있다. 특히 석실 내에 시기차를 두고 안치된 4기의 옹관의 존재는 전통적인 옹관과 외래의 석실이 결합된 양상으로서, 이는 옹관을 주요 매장시설로 이용하던 마한 세력이 석실분을 자발적으로 수용한 결과라 할 수 있다. 당시 한반도 정세를 보면 백제는 고구려의 남진정책으로 인하여 상당한 어려움을 겪던 시기라 할 수 있는데, 이를 틈타 영산강유역의 마한 세력이 대외교섭을 통한 독자적 발전을 모색하는 과정에서 석실을 받아들인 것으로 추정된다.

96석실 내의 2호 옹관에서 출토된 금은장삼엽환두도(金銀裝三葉環頭刀)를 통해 피장자의 신분이 지배자 계층이었음을 추정할 수 있다. 특히 4호 옹관은 영산강유역의 대형 옹관과 달리 생활용기로 사용되던 회청색 경질의 호형토기이며, 4기의 옹관 가운데 가장 늦게 안치된 것으로 밝혀졌다. 특히 이 옹관에서 출토된 금동신발은 무령왕릉에서 출토된 것과 통하고 있어 Ⅰ기의 마지막 단계로서 백제의 지방통치와 관련된 단서가 되고 있다.

Ⅱ기는 본격적으로 백제계의 횡혈식석실분을 매장부로 채용하는 단계인데, 6세기 중엽에서 7세기 초에 해당한다. 이 단계에는 석실이 정형화·소형화되는 사비유형이 주를 이루지만, 긴 묘도와 연도의 시설에서 전형적인 사비유형과는 차이를 보이고 있기 때문에, 이미 채택하고 있었던 영산강식 석실의 속성이 가미된 것이라 할 것이다. 그것은 곧 복암리 3호분 축조집단이 사비유형의 석실분을 자발적으로 수용한 증거

나주 복암리 3호분 백제 석실

가 된다.

이 단계의 사비유형 5호 석실에서는 관모틀과 은제관식이 출토되었는데, 이러한 유물은 백제 고지에서 폭넓게 발견되고 있다. 은제관식은 중국 역사서인 『주서(周書)』에 보면 백제의 16관등 가운데 6품인 나솔(奈率) 이상의 관인이 착용한 것임을 알 수 있다.

따라서 은제관식을 착장하고 있었던 피장자는 복암리 3호분 축조집단에서 배출되었던 중앙관리였을 가능성이 매우 높다. 그것은 백제가 이 지역을 완전하게 편입했음을 의미하는 것이고, 영산강유역의 마한계 집단도 백제 중앙관리로 진출하여 지속적으로 세력을 유지하고 있었음을 알 수 있다.

이와같이 나주 복암리 3호분

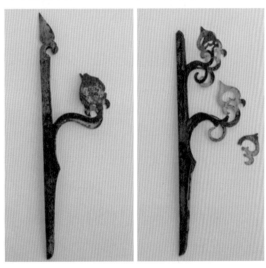

상 나주 복암리 3호분 출토 금동신발
하 나주 복암리 3호분 출토 은제 관식

은 3세기부터 7세기 초까지 영산강 유역의 마한 연맹체세력들이 변화에 어떻게 적응해갔는지 보여주는 기록관의 역할을 하고 있다.

호서지역의 마한

마한의 공간적 범위는 대체로 경기·충청·전라지역에 해당되는데, 각 지역마다 시간적 흐름에 따라 문화적 양상을 달리하고 있다. 바꾸어 말하면 그것은 백제의 정치적인 성장에 따라서 마한 영역의 축소를 의미하며, 결국 점진적으로 마한 정치체의 소멸로 귀결될 수밖에 없는 것이라 하겠다. 중국의 전국시대 이후 정치적 변혁기에는 중국으로부터 많은 유이민들이 한반도로 들어오면서 새로운 물질문화를 가져오게 된다. 이 시기 충청지역 즉 호서지역에서는 마한의 보편적인 분구묘와 계통이 다른 주구토광묘가 축조되고 있어 호남지역의 마한문화와 다른 문화적 양상을 띠고 있다.

호서지역의 보령 관창리에서 발견된 주구묘(분구묘)는 우리나라에서 최초로 발견된 주구묘 유적으로서 학사적인 의미가 있다. 발굴보고서에 의하면 이 유적에서 출토된 토기의 종류들이 송국리형 토기, 원형점토대토기, 두형토기, 흑색마연토기 등으로 구성되기 때문에, 청동기시대의 송국리문화와 초기철기시대의 문화 간에 상호 관련성을 가지며, 그 시기를 기원전 3~2세기로 추정한 바 있다. 그러나 발견 당시 대부분 연구자들은 관창리유적의 주구에서 발견된 송국리 토기에 대해서 교란되었을 것이란 견해에서 그 시기를 3세기를 넘지 않을 것으로 보았다. 그런데 최근 분구묘에서 점토대토기편들이 잇달아 발견되고 있어 그 시기를 청동기시대 송국리문화 단계까지 소급될 수 있다는 의견들이 개진되고 있다. 이후 이러한 주구묘는 마한의 보편적 묘제로서 대형 분구묘로 발전한 것으로 이해되고 있다.

한편 천안의 청당동유적에서는 주구묘와 같이 주구가 굴착된 토광묘가 조사되었는데, 역시 마한의 분묘로 이해되어 왔다. 이후 주구토광묘는 공주시와 연기군, 청주일대에서 그 발견 예가 증가하고 있다. 주구의 형태는 대부분 눈썹 형태로 경사의 위쪽에서 매장부 시설인 토광을 감싸고 있지만, 청주 송절동이나 공주 하봉리에서는 토광을 거의 두르듯이 감싼 사례가 발견되기도 한다. 한편 주구토광묘의 매장부인 토광은 주구에 비해 매우 깊게 굴착되어 있는데, 이는 주구묘의 매장부가 토광일지라도 분구 중에 위치하고 있는 점에서 차이를 보이고 있다.

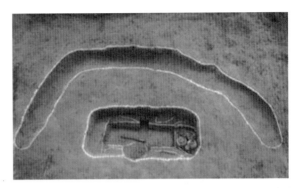

상 천안 청당동 주구토광묘
하 천안 청당동 출토 마형대구

또한 주구토광묘의 출토유물은 원저단경호와 심발형토기를 기본적인 세트로 하지만, 장신구류인 청동제 곡봉형대구(曲棒形帶鉤)와 마형대구(馬形帶鉤), 그리고 유리제 구슬 등이 부장되기도 한다. 이 가운데 천안 청당동에서 출토된 두 종류의 청동대구(帶鉤)에 대한 분석결과 중국 북부지역에서 생산되는 청동임이 밝혀져 대외교섭의 근거로 보았다. 곡봉형대구는 중국 전국시대부터 서진 시기까지 폭넓게 발견되고 있고, 한반도에서는 낙랑의 분묘에서 발견된다. 또한 호형(虎形)이나 마형대구는 청원 오창, 영천 어은동, 경주 사라리, 김해 양동리와 대성리 등의 목곽묘에서 발견되고 있기 때문에 그 공간적 범위를 통해 중국 북부→낙랑→호서지역→영남지역으로 전파되었음을 확인할 수 있다. 이를 통해 문화의 전파 루트나 유이민의 이동경로를 추정해 볼 수 있다.

『삼국지』 위서 진한전의 기록을 보면 "진한은 마한의 동쪽에 있으며, 진(秦)의 고역을 피해 한국(韓國)으로 왔는데, 마한이 동쪽의 땅을 할애해 주었다"라는 내용과 더불어 언어 역시 마한인과 다르며 진인(秦人)과 비슷한 언어를 사용하고 있다고 적고 있다. 또한 『사기』와 『후한서』에서도 위만의 망명기사와 더불어 "한과 예가 강성하여 군현통제가 불가해지자 많은 유이민이 한으로 건너갔다"라는 기사를 통해 진·한대를 거치면서 중국에서 많은 유이민의 이입은 물론 물질적 교류가 활발했을 것으로 볼 수 있다.

중국 전국시대의 진국(秦國)에도 주구토광묘와 유사한 속성을 가지는 위구묘(圍溝墓)가 축조되고 있었다. 따라서 호서지방의 주구토광묘 축조집단의 뿌리는 진(秦)에 바탕을 두고 있었던 유이민과 깊은 관련성을 찾을 수 있다. 이와 같이 호서지방의 마한세력은 재지전통이 강한 주구묘 축조집단과 유이민집단이 어우러져 형성되었던 것을 확인할 수 있다.

백제 속의 마한(서산 부장리 분구묘)

고대사회에 있어서 동일한 정치체의 공간적 범위를 설정하는 데에 고고학적 자료 중 분묘와 생활 토기가 매우 유용하게 활용되고 있다. 삼국시대의 예에서 보면, 고구려는 적석총, 백제는 횡혈식석실분, 신라에서는 적석목곽분이 각각의 정치적 영역에서 공통적으로 축조되고 있어 그 특징을 잘 보여주고 있다. 생활 토기 역시 동일한 기종일지라도 삼국의 각 나라마다 형태나 문양에 있어서 그 속성을 달리하고 있다.

문헌자료에 의하면, 백제에 의한 마한의 복속시기는 4세기 중엽 근초고왕에 의해 이루어진 것으로 기록되어 있다. 그러나 영산강 유역에 축조된 마한 분구묘 자료를 근거로 마한 정치세력은 문헌자료 기록보다 무려 2세기를 더 지나 6세기 초엽까지 존속하고 있었을 것이라는 견해가 제기되어 왔다. 이러한 견해는 정치체의 공간적 범위와 분묘의 축조 범위가 일치한다는 전제에서 보면 타당한 것으로 볼 수 있다. 그런데 주민 구성이나 공간적 범위에서 서로 겹치는 마한과 백제는 일시적인 정복을 통해 영역화가 이루어진 것이 아니고 점진적인 통합이 이루어진 것으로 알려져 있다. 따라서 마한의 정치세력이 강했던 지역에서는 백제 영역화 이후에도 전통성과 보수성이 강한 마한 분묘의 축조가 지속되었던 것으로 생각된다. 곧 마한과 백제의 관계에 있어서는 정치체와 문화유산 결정체의 존재가 꼭 일치되는 현상에서 예외가 될 수 있는 것이다.

이러한 사실을 뒷받침할 수 있는 자료는 충남 서산 부장리에서 발견된 마한

서산 부장리 분구묘

전통의 분구묘에서 확인할 수 있다. 2004년에서 2005년에 걸쳐 조사가 이루어진 부장리 유적은 청동기시대의 유적과 더불어 백제시대의 주거지 43기, 수혈유구 15기, 분구묘 13기, 석곽묘 3기 등 모두 74기가 확인되었다. 백제시대 유적 구성에서 보면 백제인들의 삶의 공간과 죽음의 공간이 머지 않은 곳에 각각 배치하고 있음도 알 수 있다. 특히 마한 전통의 분구묘 13기 가운데 3기는 주구 일부가 중복되어 있지만, 대부분 각각의 독립된 묘역을 유지하며 축조되어 있다. 분구의 평면 형태는 방형으로 정형화가 이루어진 것으로 보이며 그 규모는 20m~40m에 이른다. 매장시설은 모두 토광을 굴착하고 있는데, 하나의 분구 안에 적게는 1기부터 많게는 9기가 시설되고 있다.

부장리 분구 내의 부장유물 중 직구원저단경호, 광구원저호, 원저호 등 토기류들은 백제계 토기라는 점에서 호남지역의 분구묘 출토 토기와 차별성이 보인다. 이외에도 환두대도, 철제초두, 철부, 철겸, 철도자, 철모 등의 철기류와 금동관모, 금동식리, 금동이식, 곡옥 등 화려한 유물이 출토되었다. 이들 유물 가운데 8호분에서 출토된 금동식리를 비롯하여 5호분의 금동관모와 철제 초두는 부장리 분구묘에 묻힌 사람의 신분을 추측할 수 있게 해준다. 곧 서산지방을 중심으로 자라잡고 있었던 마한계 세력집단으로 볼 수 있다.

충청남도 아산만 일대는 이른 단계의 분구묘가 조사된 보령 관창리를 비롯하여 서산 부장리와 거의 비슷한 시기에 해당하는 서산 기지리 분구묘가 발견된 지역이다. 곧 강한 마한 문화의 전통이 지속되고 있었던 지역임을 알 수 있는데, 그것이 바로 백제 영역화 이후에도 지속적으로 마한 분구묘가 축조되는 배경이 되었음을 짐작할 수 있다. 따라서 고창지역과 영산강유역에서 발견되는 모든 분구묘의 성격을 곧바로 마한 정치체와 연결시키기 보다는 백제 영영화 이후 지속된 마한문화의 산물로 이해하는 것이 좀 더 합리적일 것이다.

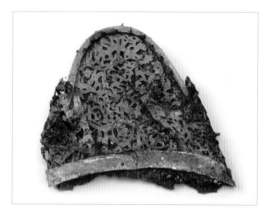

상 서산 부장리 출토 금동관모
하 서산 부장리 출토 철제초두

'역사문화권정비법'에 '전북의 마한' 당연히 포함되어야

2021년 6월 10일부터 시행 예정으로, 2020년 6월 9일 '역사문화권 정비 등에 관한 특별법'(약칭: 역사문화권정비법)이 제정되었다. 제1장 총칙에 보면, "이 법은 우리나라의 고대 역사문화권과 그 문화권별 문화유산을 연구·조사하고 발굴·복원하여 그 역사적 가치를 조명하고, 이를 체계적으로 정비하여 그 가치를 세계적으로 알리고 지역발전을 도모하는 것을 목적으로 한다."라고 되어 있다.

  그런데 이 법 제2조(정의)에서는 '마한역사문화권'을 "영산강 유역을 중심으로 전남 일대 마한 시대의 유적·유물이 분포되어 있는 지역"으로 한정하고 있을 뿐, 전북지역의 마한 성립과 발전에 관련된 유적들을 제외하고 있어 많은 우려가 제기되고 있다. 먼저 우려되는 점은 영산강유역 중심의 전남지역의 마한 연구만으로는 제대로 된 마한사를 복원할 수 없는 절름발이 연구에 머무르게 될 것이란 점이다. 또한 자칫 소지역주의에 치중된 나머지 편향되고 왜곡된 연구 경향이 있을 수 있다는 점도 심히 우려하지 않을 수 없다.

  '역사문화권정비법'의 마한역사문화권역에서 전북지역 마한의 역사와 문화가 제외된 것은 전북의 정치권이나 행정, 그리고 학계마저도 한걸음 뒤처져 있었음을 의미하는 것으로 일단 반성부터 해야 할 것으로 생각된다. 전북지역이 마한의 성립지로서 가지는 위상에 걸맞지 않게 마한 연구에서 주체가 되지 못하고 피동자의 입장이 된 듯하다. 또한 전북지역이 마한역사문화권에서 제외된 것은 경제개발시대에 전북이 소외되어 왔던 맥락에서 드는 우려는 단순한 기우

이기를 바랄 뿐이다.

전북지역은 한강 이남에서 철기문화를 바탕으로 최초로 성립된 정치체인 "마한의 본향"으로서 진·변한을 아우르는 삼한의 맹주로 성장하였다. 이러한 과정들을 증명하는 실체적 고고학 자료들이 전북지역에서 속속 밝혀지고 있다. 특히 『삼국사기』「열전」견훤조에 "우리나라는 삼국의 시초로 마한이 먼저 일어난 뒤에 혁거세가 일어났다. 그런 까닭으로 진한 변한은 우리나라를 뒤따라 일어나게 된 것이다. 이로써 백제는 금마산(익산)에서 개국하여 600여 년이나 내려왔는데 …중략… 완산에 도읍을 세우고 의자왕의 숙원을 풀어 주고자 함이다"이라 하여 마한과 백제를 일체화시킨 마한역사문화의 계승의식을 읽을 수 있다. 곧 익산 일원에 역사적으로 면면히 흐르는 전통적 마한 의식을 바탕으로 전북의 마한역사문화권역은 당연히 "역사문화권정비법"에 포함되어야 하는 당위성이 강조될 수 있는 근거이기도 하다.

좀 더 넓은 시각에서 보면, 문헌자료의 절대 부족으로 6~700여 년간의 마한의 역사와 문화를 연구하는데 많은 장애가 있어 우리 고대사의 중요한 시기인 삼국 정립기에 대한 연구가 제대로 이루어지지 못하고 있다. 따라서 특정 지역에 치우친 마한역사문화권역 설정은 반드시 재고되어야 한다. 또한 한국 고대사회의 역사문화연구가 정치적 선입견이나 힘의 논리에 좌우되는 점에 경계심을 갖지 않으면 안 될 것이다.

최근 전라북도는 〈역사문화권특별법〉 관련 세미나를 거쳐 정리된 '전북지역의 마한역사와 문화'를 바탕으로 문화재청과의 협의를 통하여 "마한역사문화권"에 전북지역을 포함시키는 작업을 진행하고 있다. 지금까지 진행되어 온 역사문화권정비법 제정을 지켜보면서 한 연구자로서의 바람은 숟가락 하나 덤으로 올려놓아 몫을 찾는 것보다는 보다 적극적인 자세로 체계적이고 지속적으로 전북지역의 마한을 밝혀내는 노력이 이루어졌으면 한다.

개발에 밀려난 마전 분구묘

최근 언론 보도를 보면 세계문화유산으로 등재된 40기의 '조선 왕릉' 가운데 '김포 장릉' 인근 문화재보존지역에서 문화재청의 허가를 받지 않고 건설 중인 아파트의 철거 여부를 놓고 찬반 논쟁이 일고 있다.

국토개발 과정에서 발견되는 문화유적에 대한 훼손을 막기 위해서 공사 이전에 지표조사를 통해 유적 부존 여부를 확인하고 그에 따른 발굴조사가 이루어지는 것이 일반적이다. 또한 이러한 절차를 통해서 문화유적의 보존에 따른 공사 주체자의 경제적 손실을 방지하는 효과도 얻을 수 있다. 그런데 '김포 장릉'의 경우는 아무런 사전조사 없이 공사가 진행되고 있기 때문에, 이미 '김포 장릉'이 공사의 장애물(?)이 될 것을 인지하고 있었던 것은 아닌지 합리적인 의심이 든다.

전주 서부 신시가지 개발과정에서 발견된 마전유적은 마한 전통의 분구묘로서 백제시대에 축조된 것으로 삼천천을 중심으로 마한 문화를 유지하고 있었던 세력집단의 분묘로 밝혀졌다. 그런데 마전 분구묘는 발굴조사 이전에는 지표상에서 크게 노출되지 않았고, 이 유적에서 가장 높은 곳에 '문학대'라는 누정이 자리잡고 있었다. 문학대는 고려시대 초축 이후 임진왜란 때 불탄 것을 순조 24년(1824년)에 중건했는데, 1976년 전라북도 지방기념물 제 24호로 지정되었다.

그런데 신시가지를 설계하는 과정에서 문학대를 통과하는 남북 대로를 건설

전주 마전유적 주변 전경

하도록 계획이 이루어졌다. 전주시에서 문학대가 지방문화재임을 인식하고도
별다른 대책없이 넓은 도로를 건설하고자 했던 관계자들의 담대함에 놀랄 뿐이
었다. 최근 논란이 되어 있는 '김포 장릉' 주변의 현재 모습을 보면서 마전유적
의 발굴과정에서 있었던 2007년 당시의 복잡한 심정에서 언제까지 문화재는 개
발의 장애가 되어야 하는지 자괴감을 가지게 된다.

　마전 분구묘 유적은 황방산 산줄기에서 뻗어내린 나지막한 구릉의 정상에서
하단부에 걸쳐 5기가 열을 이루며 배치되어 있었다. 이 중 가장 높은 곳에 자리
하고 있는 3호분은 문학대를 축조하는 과정에서 분구 상면이 일부 삭평이 이루
어진 것이 확인되었고, 나머지 4기의 분묘에서는 주구와 매장시설만이 노출되

상 전주 마전 분구묘와 아파트 및 도로 건설
하 문학대와 마전 분구묘

었다. 매장 시설로는 토광, 석곽, 석실, 옹관 등 다양하게 확인되었는데, 특히 3호분에서는 토광목곽에서 석곽과 석실로 이어지는 주매장시설의 변화과정과 분구확장 양상을 살필 수 있는 자료를 확보하였다.

출토유물은 각종 토기류와 철기류, 옥 등인데, 4호분 3호 토광에서는 600여 점이 넘는 옥이 부장되어 있었고, 5호분에서는 환두대도, 3호분 1호 석실에서는 말재갈과 다양한 토기와 옥이 출토되었다. 이러한 유물로 볼 때 전주 삼천천을 기반으로 세력을 가지고 있던 집단으로 추정할 수 있다.

문학대는 누정으로 주변을 가장 조망하기에 좋은 조건의 장소에 축조하는 것이 일반적인 예이다. 마한 전통의 분구묘의 입지조건 역시 구릉의 정상을 따라 열을 지어 배치하는 것이 공통적 현상이다. 아마도 인간 삶의 쉼터와 죽은 뒤의 안식 공간이 궤를 같이 하고 있다는 것은 바로 인간들의 생각 속에 자리잡고 있는 주변 환경의 중요성에서 비롯되지 않았을까? 다행인지 모르지만 도 지정문화재인 문학대와 발굴조사가 완료된 마전 분구묘 유적은 인근으로 이전 복원이 이루어졌다. 결국 문화재는 원래의 환경 속에서 제자리에 있을 때만이 온전한 가치를 갖게 된다는 점을 깨달아야 할 것이다.

제2부

○ ○ ●

마한의 성립과 발전

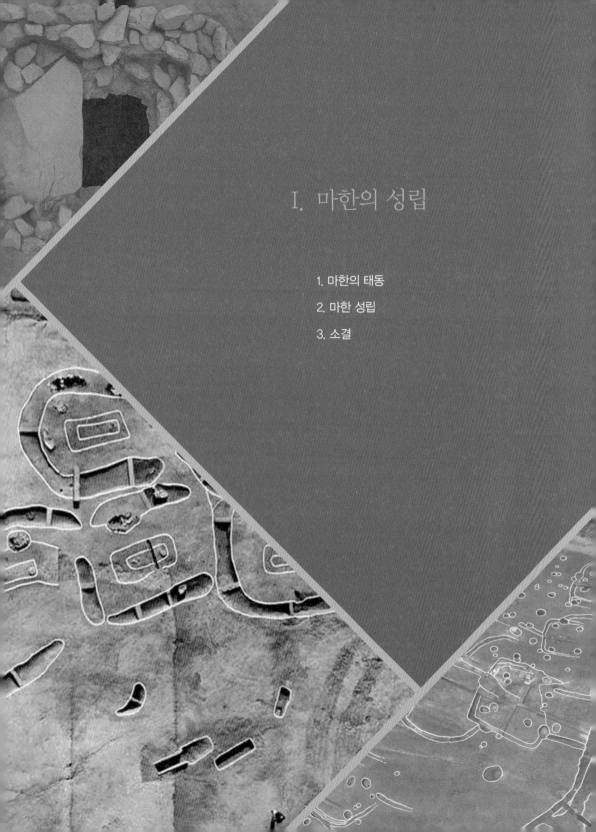

I. 마한의 성립

1. 마한의 태동

마한은 한강이남 지역에서 진한·변한보다 앞서서 최초로 등장한 정치체로서 삼한 가운데 가장 강력했던 것으로 알려져 있다. 그러나 마한의 성립과 소멸시기뿐만 아니라 그 사회구조나 문화적 성격에 대해서는 많은 이견이 제기되고 있는 실정이다. 그 이유는 『삼국사기』에 따르면 백제 온조왕 26년(서기 8년)에 마한은 이미 멸망된 것으로 기록되어 있는 반면에, 중국 측 사서인 『진서』에서는 거의 3세기 말까지 마한의 견사 기록이 남아 있어 이때까지 마한의 존재가 파악되기 때문이다. 이렇게 소략한 문헌 기록은 마한의 실상을 설명하는 데 있어서 제한적일 수밖에 없지만, 마한에 해당하는 공간적 범위에 대해서는 한반도 중서부 지방인 경기지역과 충청, 전라지역이라는 것에서는 대체로 공감대가 형성되고 있다. 이와 같이 마한은 공간적 범위와 존속시간에서 백제와 일부 중첩되고 있으므로 두 정치체 간의 정치 문화의 정체성을 명확히 구분하기 어렵게 하는 원인이 되고 있다.

마한에 관한 연구를 문헌 자료만을 통해 접근하는 것은 많은 한계가 따르기 때문에 고고학 자료의 분석을 통한 연구는 필수적이라 하겠다. 그런데 근년에 들어서 마한의 공간적 범위에 해당하는 한반도 중서부지방에서 고고학 자료가 증가됨에 따라 마한문화 연구의 새로운 지평이 열리고 있다. 그것은 과거 백제 문화로 인식하고 있었던 유물 유적 가운데에서도 마한문화의 정체성을 담고 있음을 확인할 수 있게 되었고, 특히 마한의 성립과 관련해서는 점토대토기와 철기문화를 가지고 들어온 토광묘 축조집단에 의한 주체적 역할이 계기적으로 있었음을 알 수 있게 되었다.

마한의 성립 이전의 충청과 전라도 지역의 청동기시대 중기 이후의 주요한 문화양상을 살펴보면 광범위하게 공통적으로 송국리형 주거지가 분포하고 있다. 그러나 묘제의 경우는 이와 달리 금강 하구인 충청지역과 전북지역에는 석관묘, 옹관묘, 석개토광묘 등 소위 송국리형 묘제가 높은 밀집도를 보이고 있으며, 고창 이남에서 전남지역에 이르는 곳에는 집중적으로 지석묘가 분포하고 있어 차이를 보인다.

철기문화의 유입과 맞물려 만경강 유역의 전주와 익산, 그리고 완주와 김제에는 토광묘라는 새로운 묘제가 전개되지만, 전남지역은 지석묘가 여전히 축조되고 있다. 이와 같은 분묘의 양상이 변하는 것은 시간의 변화속에 나타나는 당연한 것이지만, 한편으로는 축조집단의 신분과 출자의 차이 등이 반영된 것이라고도 생각된다.

분묘란 전통성, 보수성이 강한 고고학적 자료이기 때문에, 구조나 부장유물을 통해 분묘를 축조한 집단의 종족성과 사회 변화상을 추적하는 증거자료로 사용할 수 있는 유용한 물질적 자료이다. 따라서 마한 고지인 충청과 전라지역에서 전통적으로 지속된 청동기시대의 묘제가 점토대토기와 철기문화를 지닌 집단에 의해서 새롭게 축조되는 토광묘계 성격을 통해 마한 정치체의 성립에 접근이 가능하리라 생각된다.

필자는 마한의 분묘를 조기·전기·중기·후기로 구분하고, 조기 묘제인 토광묘는 마한의 성립과 관련된 직접적인 고고학적 증거로 파악한 바 있다.[1] 그러나 토광묘는 전기부터 유행하는 주구묘 곧 분구묘와는 고고학적인 속성에서 직접적인 계승 관계를 찾을 수 없기 때문에 축조집단의 차이에서 비롯된 것으로 볼 수 있다. 이후 전기에서 후기에 걸치는 분묘양상은 분구묘의 계기적 변화과정으로 파악하여 주구묘에서 이형분구묘 그리고 방형이나 원형의 분구묘로 정형화가 이루어지는 것으로 보았다.

---

1 최완규, 2000, 「호남지역 마한분묘유형과 전개」, 『호남고고학보』 11, 호남고고학회.

최근 만경강 수계에 해당하는 익산과 전주, 완주, 그리고 김제지역에서 점토대토기와 동경, 세형동검 등 청동기류, 그리고 철기가 공반된 토광묘계 분묘가 군집양상을 띠면서 발견되었다. 이와 함께 두형토기와 점토대토기가 출토된 구상유구라고 보는 제의유적이 토광묘가 있는 같은 공간에서 발견되었다. 이러한 점에서 볼 때 이 유적들은 상호간에 깊은 연관관계에서 형성된 것으로 볼 수 있으며, 이 두 유적을 통해 마한 정치체의 성립 문제를 다루어보고자 한다.

1) 마한 태동 이전의 문화적 양상

마한 태동 이전의 한반도 중서부지방에는 청동기시대 중기에 해당하는 송국리형 문화가 광범위하게 자리잡고 있다. 송국리형 문화란 부여 송국리 유적에서 발견된 일련의 유구와 유물을 표지로 설정된 문화양상으로, 주거지 평면 형태는 일부 방형도 보이지만 원형이 주를 이루고 있다. 주거지 내부시설로는 기본적으로 양끝에 기둥구멍이 있는 타원형 구덩이가 중앙에 위치하고 있다. 출토 유물로는 호형토기(송국리형 토기)와 플라스크형의 홍도 등의 토기류와 유경식 석촉, 삼각형 석도 등을 표지로 하고 있다.[2]

송국리형 문화단계의 묘제에 대해서는 무문토기시대 전기말에서 중기에 한반도 중서부지방에서 유행하기 시작하여 남부지역 전역에 영향을 미친 석관묘, 석개토광묘, 옹관묘를 송국리형 문화의 대표적인 묘제로 설정하고 있다.[3] 그 중심 분포권역은 부여, 공주, 논산, 익산 일대의 금강 중·하류역으로 볼 수 있는데, 이곳에는 다른 지역에 비해 지석묘의 발견예가 매우 적으며 더우기 군집을 이루

---

2 안재호, 2014, 「송국리유형의 검토」, 『영남고고학보』 11, 영남고고학회.
3 김승옥, 2001, 「금강유역 송국리형 묘제의 연구 : 석관묘·석개토광묘·옹관묘를 중심으로」, 『한국고고학보』 45, 한국고고학회.

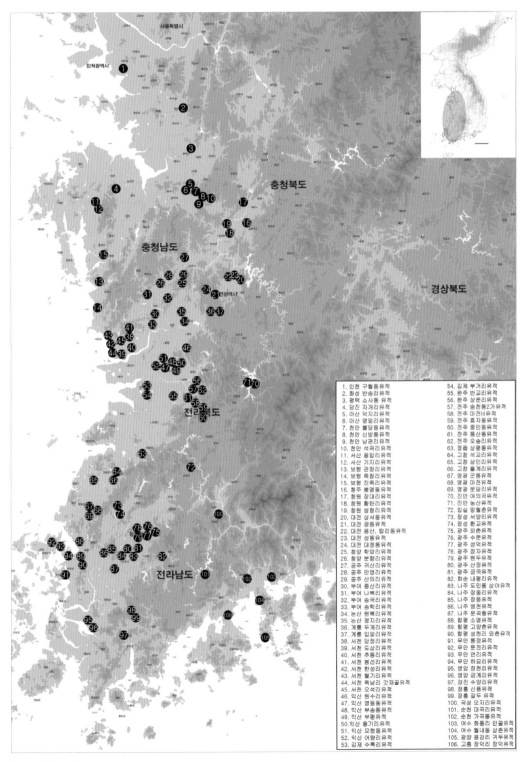

1. 인천 구월동유적	54. 김제 부거리유적
2. 화성 반송리유적	55. 완주 반교리유적
3. 평택 소사동 유적	56. 완주 상운리유적
4. 당진 자개리유적	57. 전주 승혼동2가유적
5. 아산 덕지리유적	58. 전주 미전III유적
6. 아산 명암리유적	59. 전주 효자동유적
7. 천안 불당동유적	60. 전주 중인동유적
8. 천안 신방동유적	61. 전주 동산동유적
9. 천안 남관리유적	62. 전주 오송리유적
10. 천안 석곡리유적	63. 정읍 상평동유적
11. 서산 용암리유적	64. 고창 석교리유적
12. 서산 기지리유적	65. 고창 삼인리유적
13. 보령 관창리유적	66. 고창 율계리유적
14. 보령 죽청리유적	67. 영광 군동유적
15. 보령 진죽리유적	68. 영광 마전유적
16. 청주 봉명동유적	69. 영광 운당리유적
17. 청원 장대리유적	70. 진안 여의곡유적
18. 청원 황탄리유적	71. 진안 농산유적
19. 청원 쌍청리유적	72. 장성 월정리유적
20. 대전 상서동유적	73. 장성 서양리유적
21. 대전 궁동유적	74. 장성 환교유적
22. 대전 용산, 탑리동유적	75. 광주 외촌유적
23. 대전 성동유적	76. 광주 수문유적
24. 대전 대정동유적	77. 광주 성덕유적
25. 청양 학암리유적	78. 광주 장자유적
26. 청양 분향리유적	79. 광주 원두유적
27. 공주 귀산리유적	80. 광주 산정유적
28. 공주 안영리유적	81. 광주 금곡유적
29. 공주 산의리유적	82. 화순 내평리유적
30. 부여 증산리유적	83. 나주 도민동 상아유적
31. 부여 나복리유적	84. 나주 장동리유적
32. 부여 송국리유적	85. 나주 장동리유적
33. 부여 송학리유적	86. 나주 영천유적
34. 논산 원북리유적	87. 나주 운곡동유적
35. 논산 정지리유적	88. 함평 소명유적
36. 계룡 두계리유적	89. 함평 고양촌유적
37. 계룡 입암리유적	90. 함평 성천리 와촌유적
38. 서천 당정리유적	91. 무안 평동유적
39. 서천 도삼리유적	92. 무안 둔전리유적
40. 서천 추동리유적	93. 무안 연리유적
41. 서천 봉선리유적	94. 무안 하묘리유적
42. 서천 한성리유적	95. 영암 장천리유적
43. 서천 월기리유적	96. 영암 금계리유적
44. 서천 옥남리 갓재골유적	97. 강진 수양리유적
45. 서천 오석리유적	98. 장흥 신풍유적
46. 익산 원수리유적	99. 장흥 갈두 유적
47. 익산 영등동유적	100. 곡성 오지리유적
48. 익산 부송동유적	101. 순천 대곡리유적
49. 익산 부평유적	102. 순천 가곡동유적
50. 익산 흥기리유적	103. 여수 화동리 안골유적
51. 익산 모현동유적	104. 여수 월내동 상촌유적
52. 익산 어랑리유적	105. 광양 용강리 귀두유적
53. 김제 수록리유적	106. 고흥 장덕리 장덕유적

송국리형 주거지 분포도

는 경우는 거의 없다. 그러나 송국리형 묘제의 중심권역 외곽에 해당하는 금강 상류 지역과 서해안의 보령지역에서는 지석묘와 석관묘나 석개토광묘가 혼재되어 있지만, 옹관묘는 확인되지 않고 있다. 따라서 서해안 일대와 금강 상류지역은 송국리형 문화와 지석묘 문화가 결합된 일종의 '문화혼합지대'라 보고 있다.[4]

청동기문화 중기단계의 호남지방은 보편적으로 송국리형 주거지 문화권역을 이루고 있지만, 만경강유역에는 송국리형 문화의 대표적인 묘제인 석관묘·석개토광묘·옹관묘 등이, 고창 이남을 포함한 전라남도에 걸치는 남서부지방의 묘제가 다르게 분포함을 알 수 있다. 이러한 의미는 두 지역 간에는 분묘의 전통이 다르게 전개되고 있어 축조집단의 차이를 읽을 수 있다.

한편 고창이남 및 전남지방을 중심으로 지석묘에서 점토대토기와 세형동검이 출토되는 예가 있는데, 먼저 점토대토기가 출토되는 유적은 보성 송곡리, 광주 매월동 등산, 강진 영복리, 장흥 송정리 등이다. 세형동검이 출토된 지석묘 유적은 영암 장천리 1호, 순천 평중리, 화순 절산리 등을 들 수 있다.[5] 이러한 양상은 금강 중하류지역의 충남과 전북지역 일원에서는 송국리형 묘제가 적석목관묘 또는 토광묘로 변화되면서 세형동검과 점토대토기가 출토되는 예와는 전혀 다른 양상이다. 이같이 두 지역을 비교해서 보면 금강유역의 분묘 변화와 더불어 출토유물의 부장양상이 다른 원인은 지석묘의 특수성에서 찾을 수 있다. 주지하다시피 지석묘의 축조에는 많은 인력을 동원한 노동력이 필요하지만, 송국리형 묘제의 축조는 비교적 용이한 편이다. 지석묘를 축조하는 과정에서 많은 사람이 동원된다는 것은 그만큼 사회적 결속력을 높이는 공동체적인 큰 행

---

4 김경택, 2014, 「청동기시대 복합사회 등장에 관한 일 고찰 : 송국리유적을 중심으로」, 『호남고고학보』 46, 호남고고학회.
5 조진선, 2005, 『세형동검문화의 연구』, 학연문화사.

사였을 것으로 추정된다. 따라서 지석묘 사회는 송국리형 묘제 사회보다 견고한 유대감으로 형성된 사회였으며, 그만큼 배타성도 강했을 것으로 판단된다. 그런 이유로 송국리형 묘제 중심지인 금강 중하류지역과 다르게 점토대토기를 가지는 토광묘 문화가 널리 보급되지 못하고 지석묘 사회에 흡수 동화되었을 가능성이 크다. 그 결과 지석묘라는 전통적 묘제에 점토대토기가 부장되는 양상이 나타나게 된 것으로 볼 수 있다. 또한, 송국리형 묘제의 중심지인 금강 중하류나 만경강 유역은 해로교통의 요충지이기도 한데, 이러한 지리적 이점은 이곳에 점토대토기와 철기를 가지는 토광묘 집단의 안착지가 된 이유가 될 수 있을 것이다.

2) 마한 태동기의 적석목관묘

청동기시대 중기의 송국리 문화가 광범위하게 분포하고 있던 중서부지방에는 기원전 4세기경 중국 연나라가 고조선을 침공함으로써 고조선계의 유이민이 집단적으로 이주하면서 점토대토기문화라는 새로운 문화가 들어온다.[6] 그 결과 기존의 송국리 문화는 점차 위축되며, 특히 묘제의 변화가 두드러지게 간취된다. 금강하구를 중심으로 충남과 전북지역에 분포하고 있었던 송국리형 묘제인 석관묘, 석개토광묘, 옹관묘는 사라지고 토광묘(목관묘)가 새롭게 축조된다.[7]

마한고지에서 송국리 문화의 다음 단계에 해당하는 새로운 문화요소가 있는

---

6 박진일, 2000, 「원형점토대토기문화연구 – 호서 및 호남지역을 중심으로」, 『호남고고학보』 12, 호남고고학회.

7 토광묘 내에 목관을 안치한 것일지라도 부식정도가 심한 경우 발굴과정에서 발견하기 쉽지 않다. 따라서 여기에서는 토광내에 목관이 안치되었다고 판단되는 것도 토광묘로 통칭하도록 한다. 적석목관묘는 토광에 목관을 안치한 후 적석이나 위석을 한 구조로서 기본적으로 토광묘계열에 속하는 것으로서 석재 사용은 시간에 따라 점차 사라지는 것으로 보인다.

묘제는 목관묘와 적석목관묘, 토광직장묘로 구분할 수 있다.[8] 적석목관묘의 구조는 묘광을 굴착하고, 목관을 안치한 후, 목관을 보호하기 위해 그 둘레를 할석, 혹은 괴석으로 돌리고 목관의 위에도 석재를 올려서 축조하고 있다. 적석목곽묘의 이러한 방식은 벽을 정연하게 축조하는 석곽분과는 다르게 석재의 조합이 균일하지 않게 나타난다. 한편 목관 위에 있는 둘레석을 벽석 삼아서 개석 형태의 판석을 올려 놓은 경우가 있는데, 이러한 방식은 언뜻보면 석곽묘의 개석으로 볼 수도 있게 한다. 점토대토기와 마찬가지로 이 적석목관묘도 그 원형은 중국 동북지방에서 찾을 수 있는데, 대표적인 유적으로는 요녕성 윤가촌 12호분,[9] 봉산 송산리 솔뫼골 무덤[10] 등을 들 수 있다.

적석목관묘의 예는 경기도의 파주와 화성, 안성을 비롯하여 충남도의 아산, 예산, 부여, 그리고 전북의 장수, 익산, 전주와 전라남도의 화순과 함평에 이르기까지 매우 널리 분포하고 있다.

적석목관묘가 단독으로 발견된 예산 동서리, 아산 남성리, 부여 연화리, 구봉리, 합송리, 대전의 괴정동, 함평의 초포리, 화순의 대곡리 등에서 보면 다수의 세형동검과 더불어 동경·방패형동기·검파형동기·단두령·쌍두령·동탁 등 제의와 관련된 유물이 중복으로 부장되고 있는 것이 특징이다. 이러한 청동 제의 유물의 부장양상의 변화에 따라 1기(견갑형동기, 나팔형동기, 방패형동기, 검파형동기 등 요녕식 동검계 의기부장), 2기(동령류, 원개형동기의 등장과 요령식 동검계 의기의 소멸), 3기(동령류 중 팔주령의 소멸)로 구분하여[11] 변화상을 추출하기도 한다. 또한

---

8 발굴조사결과, 목관 사용의 고고학적 증거가 남아 있지 않은 경우에는 일단 토광직장묘로 볼 수밖에 없다.

9 사회과학출판사, 1966, 『중국 동북지방 유적발굴조사보고』.

10 과학원출판사, 1963, 『고고학자료집』 제3집.

11 이건무, 1992, 「한국 청동기의 연구」, 『한국고고학보』 28, 한국고고학회.

원형점토대토기 문화단계를 세형동검전기 Ⅰ(방패형동기중심-기원전 3세기 전반), 세형동검전기 Ⅱ(팔주령 중심-3세기후반), 세형동검 후기(간두령중심-기원전 2세기)로 구분,[12] 변화추이를 살피고 있기도 하다.

결국, 분묘 내부의 구조 변화는 석관묘계통에서 위석묘계통, 그 다음 토광목관묘계통으로 이행되어 간다. 이 과정에서 분묘축조에 사용되었던 석재가 사라지면서 순수한 토광묘로 변화과정을 살필 수 있다. 부장유물에서 보면, 나팔형동기와 방패형 동기같은 요녕계 즉, 동북지방의 청동제 제의유물 계통에서 방울류(팔주령 등)에서 동경 등의 제의유물로 변화되는 것으로 이해할 수 있다.

그러나 적석목관묘의 분포양상을 보면, 토착문화가 강하게 남아있는 있는 곳에서는 1~2기 정도만 분포하며, 토착문화가 강하지 않은 곳에서는 높은 밀집도를 보이고 있다는 것을 알 수 있다.[13] 화순 대곡리나 함평 초포리의 경우는 지석묘의 밀집도가 높은 지역이며, 부여지역은 송국리 문화요소가 강하게 나타나고 있는 지역이다. 그러나 장수 남양리 일원의 경우에서는 이전 단계의 뚜렷한 문화요소를 찾을 수 없다. 이러한 특징으로 인하여 새로운 문화는 앞선 시기의 문화와 갈등을 일으키지 않고 정착될 수 있었고, 그러한 이유로 분묘가 군집을 이루면서 축조되었을 것으로 생각된다. 따라서 이질적인 묘제로 축조된 피장자의 분묘에 의기화된 청동유물이 다량 부장된 그 의미를 종교적 기능자로서 또는 사회 통합을 이끌어가는 수장으로 보는 것은 좀 더 세심하게 접근해야 할 필요가 있다. 묘제는 고고학 자료 가운데 가장 보수성이나 전통성이 강한 자료이다.

---

12 박순발, 1993, 「우리나라 초기철기문화의 전개과정에 대한 약간의 고찰」, 『고고미술사논총』 3, 충북대학교 고고미술사학과.

13 함평군 내에서 확인된 지석묘는 500여 기이며 그 중 초포리 인근 나산면에는 162기로서 그 중심적 위치에 있다(이건무·서성훈 1988). 또한 대곡리 인근에는 전남에서 지석묘의 밀집도가 가장 높은 효산리지석묘군이 인근에 위치한다.

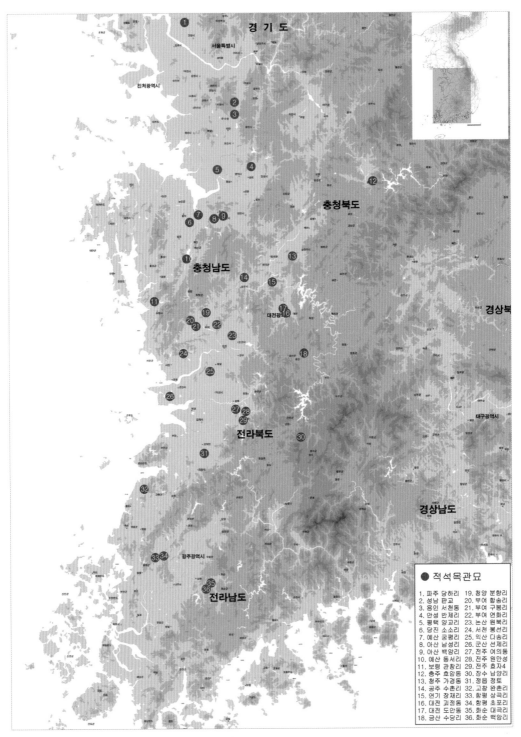

적석목관묘 분포도

따라서 종족이나 한 사회의 시·공간적 범위를 파악하는 데에 중요한 척도가 되는 동시에 사회통합의 정도 등에 대해서도 추정할 수 있다. 또한, 묘제나 장제문화의 특성상 강제적으로 수용되기보다는 이를 수용하는 집단의 자발적인 의지가 있을 때 수용이 가능한 것으로 생각된다. 따라서 강력한 기층사회의 묘제와 장제의 속성 등에서 상호 계승적 요소가 보이지 않고 전혀 다른 새로운 묘제가 출현하는 것은 이주 집단의 등장을 의미하는 것으로 볼 수 있다. 또한, 기층사회에서 이주민의 새로운 묘제적 요소가 전혀 수용되지 않고 각각의 묘제를 사용했다면 통합되어 일원화된 사회구조로 보기 힘들다. 이는 기층사회가 그만큼 배타성이 강해 이주 집단이 파고들어 올 공간이 적었음을 의미하는 것이며, 새로운 문화를 가진 이주 집단이 기층사회를 강력하게 변화시킬만한 추동력이 약했던 것이 아닌가 한다. 그렇지만 적석목관묘와 같은 신묘제의 축조가 가능했던 것은 기층사회의 적극적인 동의는 아닐지라도 어떤 형태의 동의가 있었을 것이며, 후술할 만경강 유역에서 토광묘가 군집을 이루며 축조되는 단계에 들어서서 비로소 기층사회를 통합하여 마한 정치체의 성립이 이루어지게 되는 것으로 판단된다.

기존 연구에서는 한 분묘에서 세형동검을 비롯한 동일성격의 유물이 중복적으로 부장되는 것에 대해서 피장자를 위해 헌납되었을 가능성을 제기하고 있지만,[14] 다량의 청동유물이 발견되었다는 사실만으로 그 사회의 통합적인 리더로 자리매김하는 것에는 종합적인 검토가 필요하다. 오히려 이주해온 집단의 분묘 속에 무기류와 제의적 성격이 강한 유물이 다량으로 부장되어있는 의미에 대해

---

14 위신재적인 유물을 헌납했던 집단의 분묘가 존재해야 할 것이며, 헌납한 자는 또 다른 위신재를 생산하고 소유해야 했을 것으로 이들 집단의 분묘와 유물의 출토범위가 밀집되어 있어야만 가능한 가설이 될 수 있다.

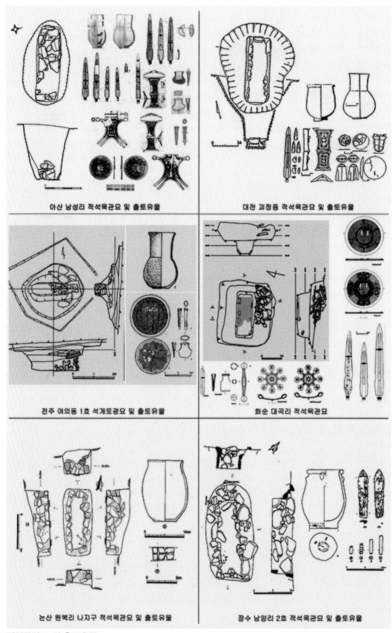

아산 남성리 적석목관묘 및 출토유물

대전 괴정동 적석목관묘 및 출토유물

전주 여의동 1호 석개토광묘 및 출토유물

화순 대곡리 적석목관묘

논산 원북리 나지구 적석목관묘 및 출토유물

장수 남양리 2호 적석목관묘 및 출토유물

적석목관묘 및 출토유물

서는 기층사회의 구성원에게 이를 분배 혹은 전달하지 못했던 상황을 추측할 수 있다. 다시 말하면 새로운 물질문화를 전달 분배하는 과정에서 포섭 내지는 동화를 통해 이루어지는 세력화 또는 집단화 단계에는 이르지 못한 것으로 여겨지는데, 이는 송국리 문화나 지석묘 문화 등 강력한 기층문화가 뿌리 깊게 자리 잡고 있었기 때문에 배타성이 작용했을 것으로 보인다.

따라서 적석목관묘 내에 청동제 제의유물을 풍부하게 부장한 피장자는 세형동검 문화단계의 종교적 직능자로서 읍락 집단의 구심체 역할을 했던 수장층일 것으로 보고 있지만, 집단성이 갖추어지지 않는다면 수장과 같은 중심적 위치에 있었다고 보기 어렵다. 마치 오늘날 종교적으로나 정치적으로 새로운 세계를 개척하려는 선구자적 위치에 있었던 집단으로 상정된다. 그러나 분묘에 점토대토기와 흑도장경호를 기본세트로 부장하는 전통은 만경강 유역에서 대규모 토광묘를 축조한 집단과 동질성을 확인할 수 있고, 이곳에서 마한 정치체의 성립과 관련하여 직접적인 것은 아닐지라도 그 기초를 제공한 집단으로 상정할 수 있다.

2. 마한 성립

마한의 성립과 발전에 대해서는 그동안 문헌자료를 중심으로 이루어져 왔으나, 문헌자료의 한계를 극복하고자 최근에는 고고학 자료를 적극적으로 활용하는 새로운 연구들이 시도되고 있다. 먼저 한반도 서남부지역의 청동기문화 단계의 정치집단을 통하여 마한 소국의 성립을 살핀 연구[15]에 의하면, 기원전 3~2세기

---

15 이현혜, 1984, 『삼한사회형성사연구』, 일조각.

한반도 중남부지역 청동기문화 단계를 대전 괴정동계, 익산 용제리계, 화순 대곡리계로 나누고 있다. 한반도 중남부지역에는 이미 대동강 유역과 비슷한 단계의 청동기문화를 유지하고 있었던 것으로 판단하고 있으며, 준왕의 남천은 하나의 사건에 불과한 것으로 파악하고 있다. 마한 제소국의 성립은 청동기문화 단계의 이 같은 정치집단들을 토대로 성장 발전한 것으로서, 그 성립 시기와 배경에 대해서는 준왕의 남천시기, 위씨조선의 멸망시기 등과 관련이 있으며, 성립 주체는 토착세력을 계승한 집단, 위씨조선계가 주축이 된 것, 부여계 이주 집단 등을 상정하고 있다. 준왕집단이 남하했을 B.C. 200년경에는 당시에 한족이라 부르고 있었기 때문에 마한의 성립은 일반적으로 B.C. 3세기경에 이루어진 것으로 보고 있다.[16]

한편 남한지방에서 점토대토기의 등장을 고고학적으로 하나의 분기점으로 보고, 토기의 형태 변화와 문헌으로 보아 삼한사회 원류를 점토대토기문화의 성립으로 보는 견해가[17] 주목된다. 그는 한 사회의 형성을 넓은 의미의 마한으로 상정하고 마한이 형성된 시점을 점토대토기문화가 남한지방으로 파급되는 시점인 B.C. 300년경에 두고 있다.

송국리형 문화단계 이후 금강하구의 문화양상은 중서부지역과 전혀 다른 새로운 문화가 전개되고 있는데, 청동유물과 더불어 철기, 점토대토기, 흑도장경호를 표식으로 하는 초기철기문화가 그것이다. 새로운 문화요소 가운데 묘제에서 보면 적석목관묘와 토광묘로 변화되는데, 묘제의 구조뿐만 아니라, 송국리

---

16 노중국, 1987, 「마한의 성립과 변천」, 『마한·백제문화』 제10집, 원광대학교 마한·백제문화연구소.
    김원룡, 1990, 「마한고고학의 현상과 과제」, 『마한·백제문화』 제12집, 원광대학교 마한·백제문화연구소.
17 박순발, 1998, 「전기 마한의 시·공간적 위치에 대하여」, 『마한사연구』, 충남대학교 출판부.

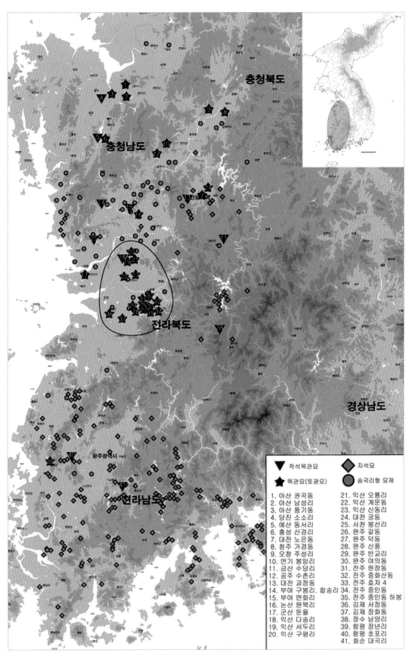

각종 분묘 분포도

문화단계의 분묘에서 적용하기 어려운 신전장을 채택하여 장제에 있어서도 변화가 뚜렷하게 나타나고 있다. 곧 두 문화 사이에 묘제나 장제를 비교해 볼 때 계승적 관계 속에서 변화가 이루어진 것으로 볼 수 없으므로 묘제의 속성상 새로이 이동해온 집단에 의해 축조된 것으로밖에 볼 수 없다.

1) 토광묘

필자는 만경강유역 중심지역에 송국리 문화단계 묘제인 석관묘나 석개토광묘, 옹관묘 등이 사라지고 새롭게 토광묘가 등장하는 것에 주목하여 이를 마한의 성립과 관련된 묘제로 파악한 바 있다.[18] 그리고 중서부지방에서 산발적으로 보이는 적석목관묘를 만경강유역에서 군집을 이루는 토광묘의 선행 묘제로 보고 준왕의 남천과 같은 사건으로 상징되는 이주민의 선행 루트와 관련 속에서 축조된 것으로 파악하였다.

한편 세형동검을 비롯한 청동기류와 세트를 이루는 점토대토기는 요녕지방에서 한반도로 철기와 더불어 파급되는 것으로 파악하고 전국 연과 고조선의 충돌이 그 중요한 계기로 보고 있다. 요동반도의 점토대토기문화는 한반도 내의 유적분포로 볼 때, 유입경로는 주로 연안 해로를 이용해 경기, 충청지역의 서해안으로 상륙해 B.C. 300년경 비파형동검기의 한반도 지석묘 사회는 사회변동을 겪게 된다. 점토대토기문화 사람들은 초기에는 마찰 과정을 거치지만[19] 토착 지석묘 사회를 재편하는 데 성공한 것으로 보인다. 새로이 지역통합을 이룬 중심지로 경기·충청·전라지역의 청동유물과 점토대토기가 출토되는 유적

---

18 최완규, 2009, 「마한분묘의 형성과 전북지역에서의 전개」, 『마한 숨쉬는 기록』 특별전도록, 국립전주박물관.

19 점토대토기문화의 주거유적이 생활이 불편할 정도의 산상에 위치하고, 지석묘 밀집지역에는 점토대토기 유적이 분포되어 있지 않다는 것이다.

으로 볼 수 있다. 한반도 남부지역의 철기 유입은 원형점토대토기 보다 후행하는 단면삼각형점토대토기와 함께 대동강 유역으로부터 파급된 것으로 이해하고 있다. 그러나 장수 남양리 2호묘와 완주 갈동 3·4호묘에서 원형점토대토기와 철기가 공반하고 있어 최소한 원형점토대토기와 더불어 철기가 유입되었거나 그 이전에 들어왔을 가능성을 보여주고 있다. 한편 완주 반교리에서는 송국리 단계의 석개토광묘, 석관묘, 토광묘가 조사되었는데 그 중 8호의 묘광내 함몰토에서 원형점토대토기편이 발견되었다. 이는 송국리 문화 후기 단계에 원형점토대토기 문화의 유입을 시사하는 것이며, 서북한 지역의 철기 유입 이전에 원형점토대토기와 더불어 요동지방으로부터 철기가 직접 유입되었을 가능성을 보여주고 있다.

최근 미륵산에서 모악산에 이르는 저평한 구릉 지대와 만경강을 중심으로 토광묘가 군집을 이루면서 집중적으로 발견되었다. 이 지역에서는 이미 1970년대부터 많은 청동유물들이 신고나 수습되면서 청동기문화의 중심지로 주목되었고,[20] 이러한 고고학 자료를 마한과 관련짓고자 하는 접근이 이루어져 왔다.[21] 그러나 대부분 신고유물들이어서 그 유구의 성격을 정확히 파악하는 데 어려움이 있었다. 이 지역에서 최초로 정식발굴조사가 이루어진 익산 신동리유적은 청동유물과 철기, 삼각형점토대토기가 출토되면서 유적에 대한 정보를 알 수 있는 계기가 되었다.[22]

토광묘 유적은 만경강을 중심으로 북쪽은 익산, 남쪽은 김제, 완주, 전주에

20 김원룡, 1977, 「익산지역의 청동기문화」, 『마한·백제문화』 제2집, 원광대학교 마한·백제문화 연구소.
21 전영래, 1990, 「마한시대의 고고학과 문헌사학」, 『마한·백제문화』 제12집, 원광대학교 마한·백제문화연구소.
22 원광대학교 마한·백제문화연구소, 2005, 『익산 신동리유적-5·6·7지구-』.

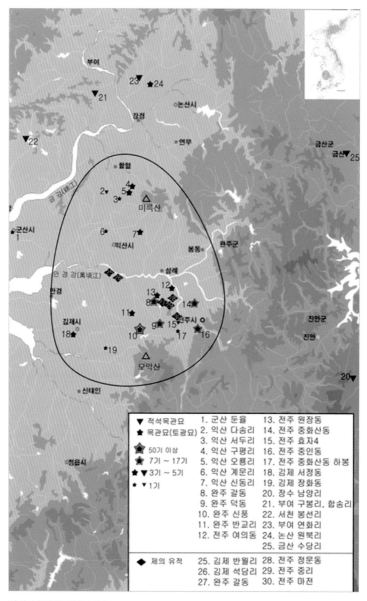

만경강유역의 집단토광묘

서 집중되고 있는데, 근래 남쪽 지역에서 유구 밀집도가 높은 유적들이 발견되었다. 따라서 과거 익산을 중심으로 보아왔던 연구의 공간적 범위를 넓힐 필요성이 발생하였으며, 만경강을 중심으로 남쪽과 북쪽의 토광묘 문화양상에 대한 면밀한 검토가 요구되고 있다.

만경강 유역에서는 19개소 이상의 유적이 확인되고 있지만, 아직 적석목관묘의 구조를 갖춘 분묘는 발견되지 않고 있다. 조사된 유적의 분포양상을 보면 익산 신동리, 오룡리, 전주 여의동, 김제 서정동 등은 3~5기 내의 토광묘가 군집된 형태로 발견되었다. 또한, 완주 반교리와 갈동, 전주 중화산동과 중인동에서는 7~17기 정도가 군집, 완주 신풍 가지구에서 57기, 나지구에서 24기 등 총 81기의 유구가 밀집 분포하고 있다. 이들 토광묘의 입지는 구릉 정상부와 말단부에도 위치하나 대부분 구릉의 서사면이나 남사면에 분포하고 있다. 장축방향이나 입지선정에는 특정 방향을 선호하지 않고 유적 내에서도 방위의 변이 폭은 큰 것으로 보인다.[23]

장수 남양리, 익산 다송리, 전주 여의동 등 적석목관묘 단계를 거쳐 익산, 완주지역에는 목관묘 혹은 토광직장묘를 축조한 집단이 송국리 단계 이후 중심묘제로 자리 잡게 된다. 곧 토광묘라는 새로운 묘제를 집단적으로 축조하고 있는데, 그 의미는 사회적으로나 정치적으로 하나의 통합된 사회형태라는 것을 알수 있는 자료라 할 수 있다. 이와 더불어 사회 통합과 관련된 고고학 자료로는 제사장이 사용했을 것으로 추정되는 청동제 의기류라 할 수 있다. 충남 서해안 일대의 적석목관묘 단계에서 보이던 방패형동기, 검파형동기, 나팔형동기와 전남의 초포리와 대곡리에서 발견된 쌍두령이나 팔주령같은 방울류는 사라진다. 그러나 적석목관묘 단계에서부터 부장되었던 동경만이 토광묘 단계에서도 지

---

23 한수영, 2011, 「만경강유역의 점토대토기문화기 목관묘 연구」, 『호남고고학보』 39, 호남고고학회.

속적으로 부장되고 있다.

적석목관묘나 목관묘, 토광직장묘를 통해서 보면 중국 동북지방이나 서북한 지역과는 일찍부터 주민의 왕래 및 물질문화의 교류가 있었음을 알 수 있는데, 충청·전라지역에서 발견되는 세형동검을 분석한 결과 산지가 중국으로 추정되는 자료에서 이를 뒷받침하고 있다.[24] 한편 문헌자료를 통해서 살펴보면, 중국 동북지방이나 서북한지역에서 이주민들이 남한지역에 들어오는 계기는 첫째, 전국 연의 진개와 고조선과 무력 충돌사건(B.C. 311~279)[25]을 들 수 있다. 그 내용은『三國志』위서(魏書) 동이전 한조에 "위략(魏略)에 이르기를 옛 기자(箕子)의 후손인 조선후(朝鮮侯)는 주(周)나라가 쇠약해지자, 연(燕)나라가 스스로 높여 왕이라 칭하고 동쪽으로 침략하려는 것을 보고, 조선후도 역시 스스로 왕이라 칭하고 군사를 일으켜 연나라를 역습하여 주왕실을 받들려 했는데, …중략… 연(燕)은 장군 진개(秦開)를 보내 서쪽지방을 공격하여 2천여 리의 땅을 취하여 만번한(滿番汗)에 이르는 지역을 경계로 삼았다"는 것이다. 둘째, 진의 전국통일시 연의 유이민 남하(B.C. 221년 전후), 셋째, 고조선 준왕의 남천(B.C. 194~180)[26]

---

24 최주·김수철·김정배, 1992,「한국의 세형동검 및 동령의 금속학적 고찰과 납 동위원소비법에 의한 원료산지 추정」,『선사와 고대』제3집, 한국고대학회.

최주·도정호·김수철·김선태·엄태윤·김정배, 1992,「한국 세형동검의 미세구조 및 원료산지 추정」,『ANALYYICAL SCIENCE & TECHNOLOGY』Vol.5, No.2.

최주, 1996,「슴베에 홈이 있는 비파형동검 및 비파형동모의 국산에 대하여」,『선사와 고대』제7집, 한국고대학회.

정광용·강형태·유종윤, 2002,「금강유역 세형동검의 과학분석(1)-청원 문의면 수습 세형동검-」,『호서고고학보』6·7, 호서고고학회.

25 『三國志』魏書 東夷傳 韓條「魏略曰 昔箕子之後朝鮮侯 見周衰 燕自尊爲王, 欲東略地 朝鮮侯亦自稱爲王, 欲興兵逆擊燕以尊周室(中略) 燕乃遣將秦開攻其西方 取地二千餘里 至滿番汗爲界」

26 『三國志』魏書 東夷傳 韓條「侯準既僭號稱王, 爲燕亡人衛滿所攻奪 將其左右宮人走入海居韓地 自號韓王 其後絕滅 今韓人猶有奉其祭祀者」

인데, 『三國志』 위서 동이전 한조 "조선의 후(候) 준(準)이 참람되이 왕이라 칭하다가 연나라에서 망명한 위만의 공격을 받아 좌우 궁인을 거느리고 바다를 건너 한(韓)지역에 거주하면서 스스로 한왕(韓王)이라 칭했다" 등의 일련의 정치적 사건을 들 수 있다. 이러한 정치적 파동 시에 중국 동북지방에서 유이민들이 직접 해로를 통해 서북한 혹은 남한지역으로 전국 연의 철기를 가지고 들어왔을 것으로 추정할 수 있는데, 이들에 의해서 축조된 묘제는 적석목관묘로 볼 수 있다. 한편 김원용 선생은 익산지역을 중심으로 반경 60km 이내에 분포된 청동유물 출토유적에 주목하고 익산문화권으로 설정한 바 있다.[27] 그리고 금강, 만경평야가 마한의 근거지이며 익산지역 청동기인들은 후에 마한인으로 발전하는 이 지역의 선주민으로 파악하였다. 이후 충청·전라지역의 청동유물과 공반되는 철기의 성격을 마한사회 소국성립과 관련짓고 그 배경에는 서북한지방의 정치적 파동과 관련된 주민 이동에서 비롯되었는데, 대표적으로 준왕의 남천 사건을 예시하고 있다.[28] 이와 더불어 완주 갈동 유적의 절대연대 편년 자료가 참고가 될 것인데, 보정연대 값을 통해 본 상한은 기원전 250년, 중심연대는 기원전 190년을 기점으로 하고 있다. 따라서 완주 갈동, 익산 신동리, 전주 중화산동과 중인리의 목관묘와 토광직장묘는 준왕의 남천과 관련되는 집단들로 상정할 수 있다. 결국, 고조선 준왕의 남천지로서 익산과 전주, 완주지역을 지목할 수밖에 없는데,[29] 서북한지역의 토광묘들과 직접 연결되는 분묘들이 이를 뒷받

---

27 김원용, 1977, 전게서, p.25.
28 전영래, 1990, 전게서, pp.52~54.
    이현혜, 1984, 전게서, pp.35~36.
    이현혜, 2007, 「마한사회의 형성과 발전」, 『백제의 기원과 건국』 백제문화사대계 연구총서 2,
    충청남도역사문화연구원, pp.219~220.
29 고조선 준왕의 남천 지역으로 『고려사』 지리지, 『세종실록지리지』, 『신증동국여지승람』 등에는
    익산지역을 지목하여 기록하고 있다.

침하고 있고, 군집 내에서 계층성마저 확인되기 때문에 마한 사회에서 정치·문화적 중심지로서 자리매김할 수 있었던 것으로 추정된다.

2) 제의 유적

토광묘가 군집을 이루고 있는 완주, 김제지역에서 제사의례와 관련되는 유적이 잇달아 발견되었다. 유구는 대체로 도랑을 파고 토기를 파쇄해서 폐기한 형태를 하고 있는데, 주로 점토대토기와 두형토기(고배)가 발견되며, 미완성 석기나 소형토기들이 폐기되고 있다.

구상유구에서 출토된 토기 가운데 주목되는 것은 두형토기인데 원형점토대토기와 더불어 많은 개체 수가 발견되고 있지만, 인근 분묘유적에서는 거의 부장유물로 발견되지 않고 있다. 이 두형토기는 일단 부장용 토기가 아니라 생활용이거나 제의와 직접적으로 관련된 토기로 판단된다. 따라서 두형토기에 대한 분석을 통해서 구상유구의 성격이나 인근 분묘유적과 관련성도 살필 수 있다. 나아가 분묘와 제의유적을 통해서 마한 정치체 성립에 대한 접근도 가능한 것으로 여겨진다.

두형토기의 출토맥락에서 보면 무문토기시대 전·중기에는 생활유구인 집자리에서만 출토되지만, 점토대토기 등장 이후에는 생활유구뿐만 아니라 분묘, 의례 관련 유구에서도 출토되고 있어 생활용기의 기능뿐 아니라 의례용기, 또는 공헌용으로서 기능을 가지게 된다.[30] 영남지역의 경우 생활유적에서도 삼각형점토대토기와 두형토기가 점복의 행위의 결과인 복골과 같이 발견됨에 따

---

30 강병학, 2005, 「한반도 선사시대 굽다리토기 연구」, 『고문화』 66집, 한국대학박물관협회.
점토대토기와 공반되는 두형토기는 5, 6형식으로서, 5형식의 토기는 B.C. 3세기 전후에 두고 있어 원형점토대토기 단계라 할 수 있고, 6형식은 B.C. 3~1세기로 설정하고 있어 삼각형점토대토기 단계를 포함하고 있다.

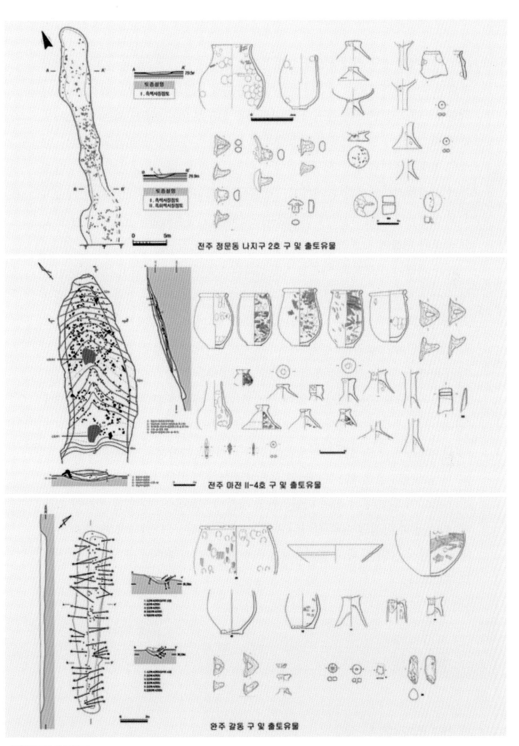

전주 정문동 나지구 2호 구 및 출토유물

전주 아전 II-4호 구 및 출토유물

완주 갈동 구 및 출토유물

제의유구 및 출토유물

라[31] 일상생활에서 의례행위가 보편적으로 이루어진 것을 볼 수 있다. 따라서 두형토기는 원형점토대토기 단계에서는 분묘에 부장되는 예가 거의 없다가 삼각형점토대토기 단계에 들어서 장송의례용으로 부장이 이루어지는 것으로 볼 수 있다. 이같이 원형점토대토기 단계의 분묘에 두형토기가 부장되지 않는 양상은 만경강유역의 양상과 동일하다. 그러나 두형토기는 원형점토대토기 단계부터 삼각형점토대토기 단계까지 구상유구라 불리는 제의 유적에서는 지속적으로 발견되고 있다. 따라서 만경강유역에서는 원형점토대토기가 부장된 토광묘 축조와 더불어 사회적 행위로서의 제의가 이루어진 것으로 추정할 수 있다.

한편 이러한 고고학적 자료를 뒷받침하는 문헌기록이 『삼국지』 위지 동이전 한조에 보면 제사와 관련된 내용이 풍부하게 기록되어 있다. 준왕이 세운 한국과 기원 이후의 『삼국지』에 등장하는 마한의 정치집단은 직접적인 연결 관계는 없었을 개연성이 높지만, 준왕 이전부터 존재한 한과 기원 이후의 마한이 최소한 종족적 문화적으로 공동체의식을 갖고 있었다는 견해가 있는데 이는 지나치게 다음의 가)에 대한 기사를 확대 해석한 것이 아닌가 한다. 『삼국지』 한전에 "한(韓)에는 세 종족이 있으니…중략…진한은 옛날 진국(辰國)이며, 마한은 서쪽에 위치하는데 그 백성은 토착생활을 한다"라 하여 마한인은 토착인 임을 알 수 있다. 『後漢書』 한전에는 "준(準)의 후손이 절멸하자 마한 사람이 다시 자립하여 진왕(辰王)이 되었다"라 하여 마한인들의 정치적 역량을 알 수 있는 기사라 하겠다. 따라서 마한 성립 이후 상당한 시간이 지난 후 작성된 『삼국지』의 제의 관련 내용은 앞서 살펴본 제의 관련유적과 마한 사회를 이해하는 데 유의미한 것으로 판단된다.

---

31 심수연, 2011, 「영남지역 출토 두형토기의 성격」, 『한국고고학보』 79, 한국고고학회, pp.117~119.

가)「將其左右宮人走入海 居韓地 自號韓王其後絕滅 今韓人猶有奉其祭祀
  者.」
  「바다를 건너온 준(準)왕의 후손은 절멸되었으나 지금 한인(韓人)중에는 그
  의 제사를 받드는 사람이 있다」

나)「常以五月下種訖祭鬼神 聚歌舞飮酒晝夜無休 其舞數十人俱起相隨踏地
  低 手足相應 節奏有似鐸舞 十月農功畢 亦復如之 信鬼神」
  「항상 오월이면 파종한 후에 귀신에게 제사를 지낸다. 무리를 지어 노래와 춤
  을 즐기고 …중략… 시월에는 농사를 마치고 나면 또한 같이 귀신을 모신다」

다)「國邑各立一人主祭天神 名之天君」
  「귀신을 믿기 때문에 국읍(國邑)에는 한 사람씩 세워 천신의 제사를 주관하
  는데 이를 천군이라 부른다」

라)「又諸國各有別邑 名之爲蘇塗 立大木縣鈴鼓 事鬼神」
  「또한 각 나라에는 별읍이 있으니 그것을 소도(蘇塗)라 한다. 그 곳에는 큰
  나무를 세우고 방울과 북을 메달아 놓고 귀신을 섬긴다」

이상에서와 같이 마한의 제사와 관련해서 그 대상으로는 귀신과 천신을 상정
할 수 있고, 그 장소의 예로서는 소도를 말 할 수 있다. 그리고 제의 행위에 대
해서는 많은 사람들이 모여 음주가무 등을 통해 공동체의 결속력을 높여갔음을
살필 수 있다. 소도와 천군의 기능이 마한의 사회, 정치발전에 변수로 작용했을
가능성이 있는데, 천군은 國 최고의 종교적 지도자로서 그 카리스마는 사회적
카리스마로 이어져 별읍에 있는 소도를 중심으로 국읍이 형성되어 초기적 수도

와 같은 국의 중심지가 되었을 것으로 보고 있기도 하다.[32] 그리고 천군의 기능 약화에 따라 소도는 종교적인 면으로만 기능이 축소되면서 분산과 변이를 거듭해 그 잔형이 오늘날의 호남지역 당산과 같은 형태로 전승된다는 것이다.

외형적으로 보면 국읍과 별읍의 소도신앙은 같은 것이라 할 수 있으나 신앙의 대상이라든가 제사의 형식에 있어서는 국읍의 제사가 훨씬 격이 높은 것이었다. 이와 같이 국읍에서의 종교의례의 격이 높아지게 된 배경에는 성읍국가 단계에서 소연맹국 단계의 사회적 발전이 있었다는 사실을 주목하지 않으면 안 된다. 왜냐하면 종교신앙의 형태가 변화한다는 것은 사회발전 단계의 변화와 그 맥을 같이하고 있는 것이다. 즉 사회발전의 단계가 소단위의 사회로 통합되어 가는 것과 같이 종교 신앙의 형태도 다신적인 형태에서 점차 통합된 신앙의 형태로 변화한다는 것이다.[33] 천신을 섬기는 성읍국가는 보다 많은 성읍국가를 아울러 소연맹을 형성할 수 있으나 그렇지 못한 다신교적 제 귀신을 섬기는 소연맹은 별읍에서 이전 단계의 신앙형태를 그대로 유지하고 있었다는 것이다. 결국, 이러한 제의 행위는 사회 통합도가 점점 높아져 갔음을 의미하는 내용인 것으로 파악할 수 있다. 따라서 앞서 예시한 만경강유역의 제의와 관련된 유적들에 대한 이해를 위한 문헌기록으로 의미를 찾을 수 있다.

---

32 김태곤, 1990, 「소도의 종교민속학적 조명」, 『마한·백제문화』 제12집, 원광대학교 마한·백제 문화연구소.
33 홍윤식, 1988, 「마한 소도 신앙영역에서의 백제불교의 수용」, 『마한·백제문화』 제11집, 원광대학교 마한·백제문화연구소.

3. 소결

마한의 공간적 범위에 해당하는 한반도 중서부 경기, 충청, 전라지역에는 청동기시대 중기 이후 송국리형 문화가 광범위하게 자리잡고 있었음을 집자리의 분포에서 확인할 수 있었다. 그런데 묘제에서 보면 금강하구와 만경강유역에는 전형적인 송국리 묘제인 석관묘, 석개토광묘, 옹관묘가 축조되어진 반면, 고창 이남의 전남지방에는 지석묘가 축조되고 있어 대조를 이룬다.

이후 중국의 동북지방에서 내려온 점토대토기문화인들에 의해 새로운 토광묘계 묘제가 축조되게 되는데, 적석목관묘와 토광(목관묘, 직장묘)묘로 구분할 수 있다. 적석목관묘는 경기도 안성에서 전남에 이르기 까지 넓게 분포하지만, 군집을 이루고 발견되지는 않는다. 적석목관묘에 부장된 유물의 특징은 제의적 성격이 강한 다수의 청동의기와 세형동검을 비롯한 무기류, 원형점토대토기와 흑도장경호가 주를 이루고 있다. 그 시기는 방패형과 나팔형동기가 정가와자 유적의 부장품과 비교되어 B.C. 4세기를 전후한 시기에 해당하며, 전국계 철기가 부장된 남양리는 좀 늦은 단계에 해당한다. 이러한 적석목관묘의 분포 의미는 만경강유역에 토광묘가 본격적으로 들어오기 이전에 선행적으로 들어온 집단으로서 청동기를 비롯한 문물을 분배해 주고, 제의를 주관함으로써 세력화와 집단화를 꾀했을 것으로 추정된다. 그러나 전통성이 강한 지석묘와 송국리 묘제 영역에서는 강한 배타성이 작용했을 것으로 세력화를 꾀하지 못했다. 따라서 적석목관묘를 축조한 피장자는 풍부한 제의적인 청동기를 소유하고 있음에도 불구하고 수장으로서의 자리매김되지는 않았던 것이다. 다만 기층 송국리묘제나 지석묘 사회와는 차별되는 제의 주관자로서 이후 점토대토기인들이 집단으로 이주해 올 수 있는 정보나 기회는 제공했을 것이며, 그들이 안착할 수 있는 바탕을 마련했을 것으로 추정할 수 있다.

지석묘 축조집단보다는 상대적으로 결집력이 약한 송국리 묘제 중심지역에서는 적석목관묘와는 달리 토광묘가 군집을 이루고 축조되는데, 만경강유역의 익산, 완주, 전주, 김제 지역을 중심으로 집단적 이주가 이루어졌음을 알 수 있다. 이들 집단은 오랜 시간에 걸쳐 점진적으로 이주했다기 보다 제한적인 시간 속에서 이주가 이루어졌을 뿐만 아니라, 지속기간 역시 오래지는 않았을 것으로 추측된다. 그 이유는 집단 분묘의 축조과정에서 중복되지 않았을 뿐 아니라, 유물에서도 시간차가 크지 않고 축조 선후만 확인되기 때문이다. 출토유물에서 보면 적석목관묘에서의 제의적 유물보다는 실용적인 유물이 부장되는 점에서 차이를 보인다. 청동기류는 동부, 동사, 동착, 동촉 등이고, 철기류는 철주와 철겸, 철사, 철착, 철촉 도자 등으로 재료만 다를 뿐 동종의 유물이 부장되고 있다. 이와 같이 실질적인 생활과 밀접한 부장유물에서 생산력을 높이는 데 기여했을 것이며, 세형동검과 동모 등은 무기체계를 달리하는 계기가 되었을 것이다. 이러한 경제력 증대와 무기체계의 향상은 사회 통합이 가속화되는 요인이 되었을 것이다. 한편 적석목관묘 단계부터 점토대토기문화인들이 가지고 있었던 제의 의식은 사회를 새롭게 재편성하는 바탕이 되었을 것이다. 그것은 토광묘에 부장된 동경과 간두령에서 제사장적 성격의 정치적 지도자의 존재도 파악할 수 있다. 한편 군집을 이루고 축조된 토광묘 유적과 동일한 공간 내에서 발견되고 있는 소위 구상유구에서는 원형점토대토기와 제의와 관련되는 두형토기가 파쇄되어 공반되고 있다. 두형토기가 토광묘에서는 부장되지 않고 있기 때문에 장송의례와 다른 형태의 제의 의례가 구상유구를 중심으로 행해 졌음을 알 수 있다. 이는 후대의 문헌기록을 통해서도 마한사회의 제의의례를 유추할 수 있다. 구상유구에서 보이는 제의 행위는 변화 발전되어 왔을 것인데 하늘에 지내는 제사를 주관하는 천군과 같은 존재는 농경사회에서 파종기와 수확기에 귀신에 제사를 주관하는 자와는 격이 매우 달랐을 것으로 보인다. 곧 천군은 당시 사회통합의 리더로서 마한 사회의 정치적 종교적으로 중요한 위치에 있었을 것임은 쉽게 짐작할 수 있다.

이와 같이 만경강유역에서 새롭게 전개된 토광묘라는 묘제와 제의 관련 유구에서 이 지역이 마한의 성립지였음을 추론할 수 있는데, B.C. 3세기를 전후한 때부터 집단으로 이주한 점토대토기인들이 바로 그 주인공이라 할 것이다. 그 가운데 익산지역은 고조선 준왕의 남천지로서 지목되고 있기도 한데, 이러한 상징적인 정치적 사건을 통해 마한은 더욱 성장할 수 있는 동력을 얻어 연맹체의 맹주로 자리하게 되었던 것이다.

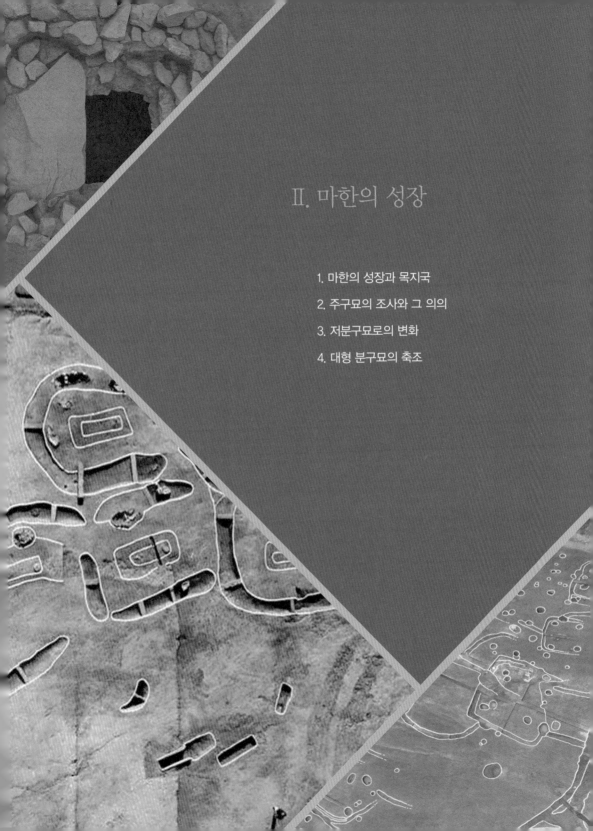

II. 마한의 성장

1. 마한의 성장과 목지국

삼한에 대한 지리적 위치나 풍속, 그리고 정치·사회 등에 관한 내용은 중국 측 역사서인 『삼국지』와 『후한서』에 기록되어 있다. 그 내용을 보면 한은 마한, 진한, 변진으로 구분되며, 마한은 54개국, 진한과 변진은 각각 12개국으로 구성되어 모두 78개국이 된다. 그리고 『삼국지』 한전에는 마한 54개국의 각각의 국명을 기록하고 있고, 큰 나라는 만여가 작은 나라는 수천가로서 총 10만여 호로 구성되어 있다고 구체적인 내용을 담고 있다.

마한의 발전과정을 설명하는 데 있어서 먼저, 마한 사회를 국(國)연맹체 사회로 파악하고 그 맹주국으로서 익산지역을 중심으로 성장한 건마국과 그 이후의 목지국에 이어서 서울과 한강하류를 지역 기반으로 하는 백제국 중심의 마한 연맹체를 설명하기도 한다.[1] 익산 중심의 건마국과 관련해서는 『후한서』 한전에 "준(準)의 후손이 절멸하자 마한인이 다시 자립하여 왕이 되었다"라는 기사를 통해 "마한인"은 익산지역의 선주 토착세력으로 이들이 연맹체의 주도권을 장악했다는 것이다. 익산지역의 선주 토착세력은 이 지역에서 출토된 중국식동검이 중국과의 원거리 교역을 통해 소유하거나 모방하여 청동기를 제작할 수 있는 선진세력으로 보았다. 그리고 새로이 연맹체의 주도권을 잡은 건마국은 자신의 위상을 높이기 위하여 연맹체의 명칭을 "큰 한"이라는 "말한" 곧 "마한"으로 고쳤다는 것이다.[2] 건마국 중심의 마한 연맹체는 한강 이남에서 금강 이북에 자리 잡고 있었던 진국 연맹체의 해체를 계기로 한강유역으로까지 그 영역을

---

1 노중국, 1987, 「마한의 성립과 변천」, 『마한·백제문화』 제10집, 원광대학교 마한·백제문화연구소.
2 이현혜, 1984, 『삼한사회형성과정연구』, 일조각.

확대해 나갔다.

또한, 마한의 중심세력으로서 삼한 소국들을 정치적으로 이끌어 왔던 "목지국"에 대한 실체가 주목되어 왔다. 이와 관련하여 목지국의 연맹체 맹주국 관련 내용은 『삼국지』 한전에 마한의 54개국 명칭을 나열한 후 "辰王은 월지국(月支國)을 통치한다"라 쓰여 있다. 그리고 변진전에는 변한과 진한을 합해서 24개국 명칭을 소개하면서 "그중에서 12국은 진왕에 신속되어 있다. 진왕은 항상 마한 사람이 왕을 삼아 대대로 세습했으며, 진왕이 자립하여 왕이 되지 못하였다"라 되어 있다. 한편 『후한서』 한전에서는 삼한 "모두 옛날에는 진국이었다" 그리고 "마한이 가장 강대하며 그 종족들이 함께 왕을 세워 진왕으로 삼아 목지국에 도읍하여 전체 삼한지역의 왕으로 군림하는데, 모든 국왕의 선대는 모두 마한 종족의 사람이었다"라 기록되어 있다. 두 사서의 내용을 종합해 보면, 진왕은 마한 54개국과 변진 12개국을 통치하는 총왕(?) 성격의 왕이었으며, 도읍은 목지국으로 정리될 수 있다. 그러나 목지국은 원래 진국연맹체 중 하나의 국이었으나 목지국이 마한 연맹체의 맹주국으로 등장하면서 진국 당시에 사용했던 "진왕"이라는 칭호를 습용했을 것이라는 견해도 있다.

목지국의 구체적 실상을 규명하기 위하여 진왕의 실체에 대한 접근 못지않게 주요한 관심은 목지국의 위치 비정에 관한 연구라 할 수 있다. 이와 관련해서는 우선 준왕의 남천지가 마한과 한의 중심지였을 가능성이 있기 때문에 목지국의 위치를 준왕의 남천지와 일치해서 보는 견해가 많았다. 또는 준왕의 남천지와 마한의 중심세력의 위치를 달리 보거나 시대에 따른 중심권 이동을 고려해서 목지국의 위치를 비정하는 등 매우 다양한 견해도 제시되었다. 고고학적인 자료를 참고해서 목지국 위치로 지목되는 지역은 한강 중류지역 서남쪽의 철기문화 관련 분포지역, 중서부 이남의 직산이 포함되는 아산만 일대, 익산을 포함하는 금강유역, 영산강유역의 나주지역으로 대별할 수 있다. 이들 지역은 문헌사학계에서도 세부적으로 차이는 나지만 포괄적으로 앞의 세 지역을 마한의 중심지로 보는 견해가 유력하다.

2. 주구묘의 조사와 그 의의

『三國志』 한전에 "준왕의 후손은 멸망하였으나 지금 한인 중에는 아직 그의 제사를 받드는 사람이 있다"라는 기사[3]와, 『後漢書』 한전에도 "동이전에 기록된 고조선의 준왕이 마한을 공파하고 스스로 한왕이 되었으나 그 후 절멸하였다"는 기사[4]가 주목된다. 두 사서의 기록에서는 공통적으로 준왕 이후의 마한은 이전과의 연속적 관계가 아닌 오히려 한(마한)인에 의해 제사를 지내고 그들 스스로 왕이 된 것으로 적고 있다.

이러한 문헌자료를 새롭게 해석할 수 있는 고고학적 자료로는 주구묘의 발견을 들 수 있으며, 이는 마한의 분묘문화를 정확하게 이해할 수 있는 계기가 되었다. 나아가 백제문화와 뚜렷이 구별되는 마한문화의 정체성 확립에 기준이 되는 매우 중요한 고고학 자료라는 점에서 큰 의의를 찾을 수 있다. 그리고 주구묘의 발굴조사를 통해 출토된 토기들 또한 마한 토기의 특징을 보여주고 있으며, 주구묘가 분포하는 공간적 범위는 마한의 정치·문화의 영역과 일치되고 있음을 보여주고 있다.

그런데 마한 묘제의 전개 양상을 살펴보면 마한 전기단계에서부터 출현하는

---

3 『三國志』 魏書 東夷傳 韓條 "侯準旣僭號稱王, 爲燕亡人衛滿所攻奪 將其左右宮人走入海 居韓地 自號韓王 其後絕滅 今韓人猶有奉其祭祀者"
4 『後漢書』 東夷列傳 韓條 "初朝鮮王準爲衛滿所破 乃將其餘衆數千人走入海, 攻馬韓, 破之, 自立爲韓王, 準後絕滅, 馬韓人復自立爲辰王"

주구묘는 마한 조기단계 곧 성립기의 주 묘제인 토광묘와는 전혀 계승적 관계를 찾을 수 없는 특징적인 묘제라 할 수 있다. 곧 토광묘와 주구묘는 분묘 축조 전통이 전혀 다른 집단에 의해 축조된 것으로 보인다. 일단 성립기의 토광묘는 중국 동북지방에서 철기문화와 점토대토기문화를 가지고 내려온 집단의 산물로 볼 수 있으며, 주구묘는 독특한 묘제이지만, 토착 한세력의 무덤으로 추정된다. 이러한 묘제의 변화를 통해 고조선 준왕 후손의 절멸을 기

보령 관창리 주구묘

점으로 토착 한족에서 다시 왕위를 이어가고 있음을 파악할 수 있다. 결국 조기단계의 외래계 묘제가 사라지고 주구묘가 마한의 새로운 중심묘제로 등장하는 것은 송국리문화를 담당했던 충청, 전라지역 토착민들의 매우 강한 문화적 전통에서 비롯된 것으로 추정할 수 있다. 따라서 마한 영역에서 넓은 공간적 범위 내에 분포하고 있는 주구묘의 변화양상을 추적하는 것은 마한의 정치적, 사회적 성장 관계를 파악할 수 있는 유의한 작업이라 할 것이다.

1) 주구묘의 발견

1995년 보령 관창리에서 대규모 집단으로 확인된 "주구묘"(무덤 주위에 도랑을 파서 돌린 분묘)는 한국에서 처음으로 확인된 유적으로 한국 고고학사에서 매우 의

미 있는 발견이라 할 수 있다. 이후 주구묘의 지속적인 조사를 통해 마한 성립기 이후 성장하는 과정에서 주구묘는 마한고지에서 폭넓게 조성되었던 마한의 대표적인 묘제라는 것을 알 수 있게 되었다.[5]

그동안 일본에서는 이러한 주구묘가 관동에서 구주지역까지 분포되어 있어서 야요이시대(B.C. 3세기~A.D. 3세기)의 독자적이며 보편적인 묘제로서 알려져 있었다. 그러나 관창리 유적이 발견된 이후 일본 학자들 사이에서도 야요이 문화의 원류는 한반도에서 찾을 수밖에 없다는 의견이 설득력을 가지게 되었다.

고고학자들이 발굴현장에서 가끔 우스갯소리로 '유적의 발견도 유행을 쫓는다'라는 얘기를 나누곤 하는데, 새로운 유적이 발견되면 동일한 성격의 유적이 잇달아 발견되기 때문에 나온 얘기이다. 그것은 아는 만큼 보이기 때문이 아닌가 생각된다. 주구묘도 예외는 아니다. 보령 관창리 주구묘 이후 익산 영동등과 서천 당정리에서 주구묘가 잇달아 발견되었고, 1999년 서해안고속도로 건설구간의 전라북도 일원에서는 다수의 주구묘 유적이 조사되면서 마한의 대표적인 묘제임이 확인되었다.

보령 관창리 유적은 당시 고려대학교 매장문화연구소 주관으로 발굴면적 111,000㎡에 대한 조사결과, 주구묘 99기와 송국리형 주거지 100여 기가 확인되었다.[6] 주구묘의 매장주체부는 거의 모두 삭평으로 결실되었기 때문에 정확한 성격을 알 수 없었지만, 평면형태나 주구의 개방부에 따라 7개 유형으로 구분하고 있다. 주구 내에서 발견된 토기 가운데 두형토기나 점토대토기를 참고하면 B.C. 3~2세기로 추정되고 있다.

---

5 최완규, 1996, 「주구묘의 특징과 제문제」, 『고문화』 49집, 한국대학박물관협회.
6 고려대학교 매장문화재연구소, 1997, 『관창리 주구묘』.

익산 영등동 1호 주구묘

　익산 영등동 유적[7]은 청동기시대 전기의 방형 주거지 4기, 중기의 송국리형 주거지 19기와 더불어 주구묘는 4기가 확인되었다. 이 유적은 택지개발지역에서 발견되었는데, 조사 이전에 주변 지역은 이미 개발이 이루어져 유적의 일부분이 훼손되었을 것으로 판단되었다. 특히 영등동 1호 주구묘에서는 매장부로서 토광묘가 확인된 최초의 예라 할 수 있는데, 내부에서 철부와 철도자편이 발견되었다.

　서천 당정리 유적[8]은 송국리형 주거지 16기와 23기의 주구묘가 확인되었다. 이 유적에서도 관창리나 영등동 주구묘와 같이 주구 내에 청동기시대 주거지

7　원광대학교 마한·백제문화연구소, 2000, 『익산 영등동 유적』.
8　국립부여문화재연구소, 1998, 『당정리』.

출토 토기들이 혼입된 양상이 나타난다. 또한, 분포양상에 있어 주구묘는 몇 기씩 인접하여 군집을 이루고 있는데, 이는 혈연집단의 친연성에 따른 축조 의도가 반영된 것으로 추정하고 있다.

이와 같이 1990년대 중반 한국에서도 주구묘들이 잇달아 발견되는 큰 이유는 그 이전에는 고분 발굴조사에서 주로 매장주체부를 중심으로 조사가 이루어졌지만, 유적 주변에 대한 관심을 가지고 넓은 범위를 정밀하게 조사한 결과라 할 수 있다. 이렇게 자료가 증가함에 따라 1996년에 호남고고학회 주관으로 '호남지역의 고분의 분구'라는 학술대회를, 그 해 역사학대회 고고학 분과의 주제로 '주구묘의 제문제'를 선정하여 주구묘 연구의 붐이 일어나기 시작하게 되었다.

2) 주구묘의 기원

주구묘의 축조방법을 살펴보면, 우선 주구(도랑)를 굴착하여 그 흙으로 낮은 분구를 쌓아 무덤의 외형을 만든 다음, 분구의 중앙에 토광을 되파서 매장부를 만들고 시신을 안치한 후 다시 흙으로 성토가 이루어진다. 그러므로 일반적인 무덤에서처럼 시신을 지하에 안치하는 것이 아니라, 지상에 안치하게 되는 것이다. 또한, 주구에서 옹관이 안치되고, 분구의 대상부에서도 옹관이 안치된 예가 있어 다장이 이루어진 것으로 짐작할 수 있으며, 이러한 양상은 곧 직계 혈연관계에 의한 가족장적인 성격을 가지고 있는 것으로 추정된다.

주구묘는 한국, 중국, 일본에서 모두 발견되고 있는 분묘이지만, 그 출현 시기나 명칭, 그리고 각각 구조특징을 달리하고 있다. 한국에서는 주구묘, 중국은 위구묘(圍溝墓), 일본의 경우는 방형주구묘라 불리는데, 기본적으로 무덤 주위에 도랑을 파서 돌린 축조방법은 동일하다.

중국의 위구묘는 1959년에 산시(山西) 허우마치아오춘(侯馬橋村)에서 최초로 발견되었는데, 1969년 이 유적에서 군집을 이루고 있음이 또다시 확인되었다.

이후 섬서성과 산서성, 안휘성, 절강성 등 넓은 지역에서 많은 수의 위구묘가 발견되었고, 그 시기는 춘추말기 진(秦)에서 당나라에 걸쳐 축조된 것으로 알려져 있다. 중국의 위구묘는 춘추중기부터 진나라까지 능원제도의 발전과 특성에 따라 전개되어 왔는데, 주구를 한 단위의 능원으로 여기고 "국군(國君)이 중심인 능원의 출현"을 반영한 것으로 여겼다. 그렇기 때문에 현재 알려진 춘추 전국시대 진공(秦公)이나 진왕의 능원에는 대부분 주구가 돌려져 있다.

한국에서 주구묘가 발견되기 이전에는 일본의 주구묘는 중국 위구묘의 영향을 받은 것으로 알려져 있었다. 그것은 중국 진나라 때에 일본으로 이주한 사람들의 자손들이 그들의 전통에 따라 축조한 것으로 보았다. 그 근거로서는 일본에서 가장 이른 시기의 주구묘가 후쿠오까(福岡)의 히가시오다(東小田)의 미네(峰)유적으로 유적 근처에는 진나라에서 불노장생초를 구하러 바다 건너왔다는 서복(徐福)의 전설이 있는데, 이때 서복과 같이 건너온 사람들의 후손에 의해 축조되었다고 보는 것이다.[9]

1964년 일본 동경 하찌오(八王子)시 우쯔끼(宇津木)에서 처음으로 4기의 주구묘가 발견되었을 당시에는 일본의 학자들도 이 유적의 성격에 대해 잘 인식하지 못했기 때문에 그 명칭을 환구상특수유구(環溝狀特殊遺構)로 명명할 정도였다.[10] 그 후 주구의 내부에서 작은 구슬과 토기편이 발견되고, 낮은 분구가 축조된 양상을 고려하여 분묘임을 인식하고 "방형주구묘"라는 명칭을 부여하면서 오늘에 이르고 있다.

한편, 한국의 주구묘에서는 점토대토기의 출토 예가 증가하고 있으며,[11] 보

---

9 俞偉超, 1994, 「方形周溝墓と秦文化の關係について」, 『博古研究』 第 8號.

10 茂木雅博, 1984, 「方形周溝墓と墳丘墓」, 『季刊 考古學』 第9号.

11 김승옥, 2019, 「호남지역 마한과 백제, 그리고 가야의 상호관계」, 『호남고고학보』 63, 호남고고학회.

령 관창리나 서천 당정리, 그리고 익산 영등동에서 발견된 소위 주구묘의 주구에서 출토된 송국리형 토기편에 대한 재검토가 요망되고 있다. 보령 관창리 유적의 주구 내 출토유물 가운데 가장 많은 비중을 차지하고 있는 기종 중 하나는 두형토기로서 축조 당시 제사용으로 사용된 것으로 추정하였다. 두형토기는 주로 점토대토기와 흑색마연토기와 공반하는데 KM 437호 주구묘의 주체부에서는 이들 토기와 더불어 동경, 관옥이 같이 출토되어 그 연대는 기원전 3~2세기를 벗어나지 않을 것으로 판단하고 있다.[12] 그러나 주구 내에서 출토된 송국리형토기, 두형토기, 점토대토기는 공반되는 와질계 타날문토기의 연대관으로 인해 기원후 3세기경에 주구묘가 축조되었을 것이라는 견해가 다소 제기되었다. 이에 따라 두형토기를 비롯한 무문토기들은 외부에서 유입되거나 교란된 것으로 파악하는 경향이 있었다. 그러나 마한 성립기의 토광묘의 예를 살펴보면 두형토기는 부장되지 않지만 동시기의 제사유적에서는 점토대토기와 두형토기가 공반되고 있기 때문에 이에 대한 철저한 재검토가 요망된다.

서력 기원전 후부터 3세기에 걸쳐 축조된 것으로 파악했던 마한 전기의 중심 묘제인 주구묘는 조기의 적석목관묘나 목관묘와는 신전장법 외에는 구조적 속성이나 출토유물에서 연속성을 찾을 수 없다. 오히려 몇 가지 점에서는 조기의 묘제보다 송국리문화와의 관련성을 찾을 수 있다.[13] 먼저 송국리문화 유적과 공간적으로 중복될 뿐 아니라, 일부에서는 석관묘나 석개토광묘가 분구묘와 중첩되어 발견된다. 그리고 옹관묘의 직치방법이 고식의 선황리 단계 옹관의 예에서 발견되기도 하며, 분묘의 군집 내에서 작은 집단으로 블록화되어 가족이나 세대공동체적 성격이 강하게 나타난다.

---

12   고려대학교 매장문화연구소, 1997, 「Ⅴ.관창리주구묘에 대한 고찰」, 『관창리 주구묘』.
13   최완규, 2015, 「마한 성립의 고고학적 일고찰」, 『한국고대사연구』 79, 한국고대사학회.

특히, 일본의 방형주구묘 가운데 가장 이른 시기에 해당하는 야요이 전기의 방형주구묘인 효고현 히가시무코(東武庫)유적의 2호분 주구내에서 공헌토기로서 송국리형 토기가 출토되었다.[14] 이는 방형주구묘와 송국리문화의 관련성을 추정할 수 있으며, 목관의 연륜연대측정에 의하면 기원전 445년임이 밝혀지면서 송국리문화의 연대와도 비슷하다.[15] 또한, 교토의 시모우에노미나미(下植野南)유적의 방형주구묘에서 유사 송국리형 토기와 한반도계 무문토기가 출토되기

일본 히가시무코 유적출토 송국리형 토기

도 하면서 주구묘와 송국리문화의 관련성을 보여주고 있다.[16]

중국 동북지방이나 한반도 서북한 지역에서 강력한 토광묘 집단이 철기문화와 더불어 송국리 문화권역에 들어오게 되면서 자연히 토착계 문화인 송국리문화는 쇠퇴하게 된다. 이러한 토착문화는 강한 지역기반 속에서 성립되고 성장해 왔기 때문에 토광묘 문화에 완전히 동화된 것이 아니고, 일정기간 동안 수면 아래에 잠복되어 있다가 토광묘 집단세력이 약화되었거나 혹은 다른 지역으로 이동해 가면서 다시 토착문화의 부흥이 이루어진 것으로 추측된다.[17] 그리고 송

---

14 보고서에서는 이 토기는 반입된 것은 아니며 다른 집단에서 제작자가 들어와 東武庫유적의 집단내에서 제작한 것으로 추정하였다. 그러나 필자가 직접 관찰한 바로는 태토와 기형에서 일본 야요이 토기와는 전혀 다른 토기로서 한반도에서 제작된 송국리식 토기라고 판단되었다.

15 兵庫県教育委員会, 1995, 『東武庫遺跡』, 兵庫県文化財調査報告 第150冊.

16 財団法人 京都府埋蔵文化財調査研究センター, 1999, 『下植野南遺跡』京都府遺跡調査報告書 25.

17 이러한 문화적 현상에 대해서는 우리나라에서 1960,70년대 스테인리스라는 새로운 용기가 들

국리 문화 전통이 강한 지역에서 토착문화의 전통이 강하게 복고적으로 나타나는 현상도 가정해 볼 수 있을 것이다. 서해안 일대의 보령 관창리나 서천 당정리에서 주구묘의 주구내에서 발견되고 있는 송국리 토기 파편들을 교란된 것으로 이해되어 왔으나 삶의 공간과 죽음의 공간이 공존했던 당시의 사회적 현상으로 볼 수 있다.

한편 『三國志』와 『後漢書』 동이전에 기록된 고조선의 준왕이 마한을 공파하고 스스로 한왕이 되었으나 그 후 절멸하였다는 기사가 주목된다.[18] 두 사서의 기록에서는 공통적으로 준왕 이후의 마한은 이전과의 연속적 관계가 아닌 오히려 한(마한)인에 의해 제사를 지내고 그들 스스로 왕이 된 것으로 적고 있다. 곧 마한 조기의 문화를 준왕의 남천과 관련하여 볼 때 조기와 그 이후 단계 사이에 분묘문화가 단절되는 현상을 이해할 수 있는 기사로 볼 수 있다.

따라서 마한 전기의 대표적 묘제인 주구묘는 적석목관묘나 목관묘를 축조하기 이전의 송국리문화를 계승하고 있던 토착 마한인에 의해 축조되었을 가능성이 있다. 그리고 마한 성장기의 주구묘는 토광묘계통의 축조인을 대신해서 마한 전역에 자리 잡고 마한세력의 쇠퇴기까지 변화 발전을 해나간 것으로 볼 수 있다. 결국, 한반도 서해안 일대에 뿌리 깊게 자리하고 있었던 청동기시대 중기의 송국리 문화단계에 이미 주구묘가 축조되고 있었고, 그것은 한(韓)문화의 뿌리라고 말 할 수 있는 것이다. 마한 성립기 중심세력인 고조선계 준왕의 절멸

어오면서 우리 전통의 유기문화는 잠복되고 새로운 스테인리스 용기문화가 가정을 비롯하여 생활용기의 주류로 등장했던 사실에 주목하고자 한다. 그러나 이러한 스테인리스 문화도 우리나라의 경제 상황이 나아지면서 점차 하급문화로 변화되고 다시 우리 전통의 유기나 도자기문화가 등장하는 것과도 비교되는 현상으로 이해할 수 있다.

18 『後漢書』東夷傳 漢條 "初朝鮮王準爲衛滿所破乃將其餘衆數千人走入海攻馬韓破之自立韓王準後絶滅馬韓人復自立爲辰王"

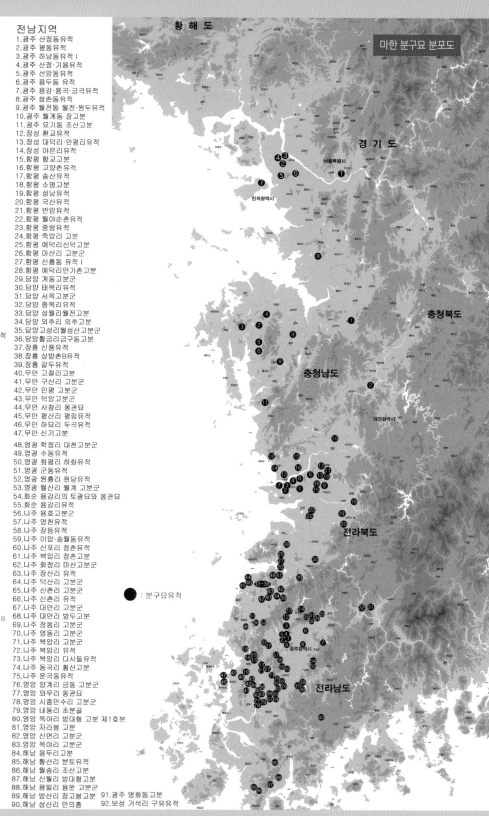

서울, 경기지역

1. 서울 가락동 고분군
2. 김포 양촌유적
3. 김포 운양동유적
4. 김포 양곡유적
5. 인천 연희동유적
6. 인천 동양동유적
7. 인천 운서동유적
8. 화성 향남유적

충청지역

1. 천안 두정동유적
2. 세종 대평동유적
3. 서산 예천동유적
4. 서산 여미리유적
5. 서산 언남리유적
6. 서산 기지리유적
7. 서산 부장리유적
8. 홍성 고암리유적
9. 예산 신택리유적
10. 부여 증산리유적
11. 보령 관창리유적
12. 서천 당정리유적
13. 서천 도삼리유적
14. 서천 옥남리유적
15. 서천 봉선리유적
16. 서천 추동리유적

전북지역

1. 군산 산월리유적
2. 군산 미룡동유적
3. 군산 축동유적
4. 군산 조촌동 유적
5. 군산 신관동 유적
6. 군산관원리 I, II-나유적
7. 군산 둔율 유적
8. 군산 둔덕리 유적
9. 익산 영등동유적
10. 익산 간촌리유적
11. 익산 서두리1 유적
12. 익산 서두리2 유적
13. 익산 율촌리분구묘
14. 익산 율촌리유적
15. 익산 묵동유적
16. 익산 장신리유적
17. 익산 함열리유적
18. 완주 상운리유적
19. 전주 장동유적
20. 전주 마전유적
21. 전주 안심·암멀유적
22. 김제 양청리유적
23. 김제 대동리유적
24. 김제 반월리유적
25. 부안 하입석리유적
26. 부안 신리유적
27. 부안 대동리유적
28. 부안 부곡리 I 유적
29. 정읍 신면유적
30. 정읍 운학리 고분군
31. 남원 입암리·임리고분
32. 남원 사석리 고분군
33. 고창 만동유적
34. 고창 남산리유적
35. 고창 봉덕 I 유적
36. 고창 봉덕리 1호분
37. 고창 도산리유적
38. 고창 선동유적
39. 고창 부곡리 증산유적 II
40. 고창 성남리유적
41. 고창 신덕유적
42. 고창 석교리유적
43. 고창 예지리유적
44. 고창 자룡리유적
45. 고창 석남리유적
46. 고창 왕촌리유적
47. 고창 광대리유적
48. 고창 희맹단 고분

전남지역

1. 광주 산정동유적
2. 광주 평동유적
3. 광주 하남동유적 I
4. 광주 산정·기용유적
5. 광주 선암동유적
6. 광주 용두동 유적
7. 광주 용강·용곡·금곡유적
8. 광주 쌍촌동유적
9. 광주 월전동 월전·원두유적
10. 광주 월계동 장고분
11. 광주 요기동 조산고분
12. 장성 환교유적
13. 장성 대덕리·안평리유적
14. 장성 야은리유적
15. 함평 향교고분
16. 함평 고양촌유적
17. 함평 송산유적
18. 함평 소명고분
19. 함평 성남유적
20. 함평 국산유적
21. 함평 반암유적
22. 함평 월야순촌유적
23. 함평 중랑유적
24. 함평 죽암리 고분
25. 함평 예덕리신덕고분
26. 함평 마산리 고분군
27. 함평 신흥동 유적 I
28. 함평 예덕리만가촌고분
29. 담양 계동고분군
30. 담양 태목리유적
31. 담양 서옥고분군
32. 담양 중옥리유적
33. 담양 성월리월전고분
34. 담양 외추리 외추고분
35. 담양고성리월성산고분군
36. 담양황금리금구동고분
37. 장흥 신풍유적
38. 장흥 상방촌B유적
39. 장흥 갈두유적
40. 무안 고절리고분
41. 무안 구산리 고분군
42. 무안 인평 고분군
43. 무안 덕암고분군
44. 무안 사창리 옹관묘
45. 무안 평산리 평림유적
46. 무안 하묘리 두곡유적
47. 무안 신기고분
48. 영광 학정리 대천고분군
49. 영광 수동유적
50. 영광 화평리 하화유적
51. 영광 군동유적
52. 영광 원흥리 원당유적
53. 영광 월산리 월계 고분군
54. 화순 용강리의 토광묘와 옹관묘
55. 화순 용강리유적
56. 나주 용호고분군
57. 나주 영천유적
58. 나주 장동유적
59. 나주 이암·송월동유적
60. 나주 신포리 정촌유적
61. 나주 복암리 정촌고분
62. 나주 화정리 마산고분군
63. 나주 장산리 유적
64. 나주 덕산리 고분군
65. 나주 신촌리 고분군
66. 나주 신촌리 유적
67. 나주 대안리 고분군
68. 나주 대안리 방두고분
69. 나주 장동리 고분군
70. 나주 영동리 고분군
71. 나주 복암리 고분
72. 나주 복암리 유적
73. 나주 복암리 다시들유적
74. 나주 복암리 황산고분
75. 나주 운곡동유적
76. 영암 양계리 금동 고분군
77. 영암 와우리 옹관묘
78. 영암 시종만수리 고분군
79. 영암 내동리 초분골
80. 영암 옥야리 방대형 고분 제1호분
81. 영암 자라봉 고분
82. 영암 신연리 고분군
83. 영암 옥야리 고분군
84. 해남 용두리고분
85. 해남 황산리 분토유적
86. 해남 월송리 조산고분
87. 해남 신월리 방대형고분
88. 해남 용일리 용운 고분군
89. 해남 방산리 장고봉고분
90. 해남 성산리 만의총
91. 광주 명화동고분
92. 보성 거석리 구유유적

마한 분구묘 분포도

황해도

경기도

서울특별시

청주광역시

충청북도

충청남도

대전광역시

전라북도

● : 분구묘유적

전라남도

광주광역시

552

이후 새로이 등장하는 마한의 중심세력은 한의 기층세력으로 새롭게 부활한 주구묘 축조집단으로 볼 수 있다.

3) 주구묘의 유형과 분포

주구묘는 평면형태와 주구가 개방된 위치에 따라서 다음과 같이 유형 분류가 가능하다. 평면형태에 따라 방형계와 원형계로 구분되며, 방형계는 방형·장방형·제형, 원형계는 원형·장타원형·마제형으로 세분할 수 있다. 주구 개방부의 위치에 따라서는 Ⅰ~Ⅳ유형으로 구분하는데,[19] Ⅰ유형은 주구 모서리 부분을 굴착하지 않고 개방부를 두고 있는 유형으로 개방부의 수에 따라 한모서리(一隅)개방형~네모서리(四隅)개방형이 나타난다. Ⅱ유형은 주구의 모서리와 변이 굴착되지 않고 개방부를 두는 유형으로 한모서리 및 한변(一隅一邊)개방형과 두모서리 및 한변(二隅一邊)개방형이 있다. Ⅲ유형은 변을 개방부로 두는 유형으로 일변개방형과 이변개방형으로 분류된다. 마지막 Ⅳ유형은 폐쇄형으로 네 면이 주구로 둘러싸인 유형이다.

평면형태와 개방부와 관계를 살펴보면 방형계에서는 우개방형이 다수를 차지하고 있고 원형계에서는 대부분 일변 개방형으로 구성되어 있다. 한편 방형계 가운데 장방형 주구묘는 다른 유형에 비해 대형이며 한 변을 모두 개방한 것이 아니라 중앙 일부만 개방된 것이 다수를 점하고 있다.

이상의 각 유형에서 편년의 근거가 되는 부장유물이 빈약해 유형별로 그 선후관계를 파악하기는 매우 어려운 상태이다. 따라서 차선책으로 주구굴착에 따른 기능을 고려한 선후관계를 추정해 볼 수 있다. 먼저 주구가 매장주체부를 보

---

19 최완규, 2002, 「전북지방의 주구묘」, 『동아시아의 주구묘』 호남고고학회 창립10주년기념 국제학술회의, 호남고고학회.

호하는 목적으로서 채토가 중심이었다면 주구의 모서리가 개방된 유형 중에서도 네 모서리가 개방된 유형이 먼저 나타나게 되었을 가능성이 있는데 모서리보다는 변에서의 거리가 대상부 중앙에 가깝기 때문에 네 변을 중심으로 채토가 이루어지는 게 경제적으로 볼 수 있으며, 평면형태가 (장)방형인 경우, 주구모서리 부분이 변보다는 주구 깊이가 낮게 굴착되는 점도 이러한 사실을 뒷받침한다고 볼 수 있다. 일본의 방형주구묘는 평면형태가 시기적으로 특징이나 경향을 그다지 강하게 반영하지는 않으나 동일본(東日本)지역에서는 네 모서리 개방형이 먼저 나타나고 이후에 폐쇄형으로 이행되어 가는 것으로 알려져 있다. 한 변이 개방된 유형의 경우 야요이시대 종말기에 조성되며 이후 고분 단계로 이행되는 과정으로 파악하기도 한다.

한편 각각 유형의 규모를 비교해보면 대체로 변개방형(邊開放形)이 다른 유형에 비해 규모가 큰데, 군집양상에서 언급하겠지만 혈연집단내의 중심적인 위치에 해당하는 피장자로 추정할 수 있다.

주구묘는 경기지역부터 전남지역까지 서해안을 따라 매우 널리 분포하며, 지역별로 평면형태 및 개방부가 다르게 조성되고 있다.[20] 전북지역의 경우 익산, 군산, 완주지역의 경우는 방형에 가깝고 일변개방형이 우세하며, 김제, 부안지역은 평면형태 제형으로 주구는 두 모서리와 한 변이 개방된 유형이 주를 이룬다. 한편 정읍지역에서는 방형인데 비해 고창지역은 풍선형태의 장타원형태가 대부분이다. 이와 같이 주구묘의 각기 다른 형태는 마한 54개국의 문화적 차이를 반영하고 있는 것으로 보인다.[21]

---

20 최완규, 2002, 전게서.
21 마한 54국 가운데 「○○盧國」, 「○○卑離國」 등 공통적인 국명의 경우, 문화적으로 유사할 가능성이 있다.

매장주체부는 대체로 대상부 중앙에 토광(목관·목곽)으로 시설되는데 분구 중에 때로는 묘광 바닥이 구지표 면에 해당되거나 약간 굴착하는 경우가 있지만, 결국 상부는 분구 중에 위치한다. 대상부나 주구내에 옹관을 배장하기도 하지만 주구를 벗어난 언저리에도 매장 시설이 확인되고 있어 주구묘 개별로 보면 혈연에 기초한 가족공동체 분묘라 할 수 있다. 또한, 부안 하입석리, 고창 성남리, 만동, 영광 군동 등의 예처럼 군집을 이루고 있는 유적에서 보면 개별 주구묘가 주구가 연접되거나 공유하면서 평면적으로 한 단위를 이루기도 하는데 씨족공동체적 성격이 강하게 반영하고 있기도 하다.

4) 주구묘의 배치 및 출토유물

마한전기에는 주구묘를 중심으로 축조가 이루어지는데, 대표적인 유적은 보령 관창리, 서천 당정리, 익산 영등동, 군산 산월리, 부안 대동리·부곡리·신리, 고창 예지리·성남리Ⅲ·광대리·만동, 영광 원흥리 군동, 함평 월야리 순촌유적 등이 있으며, 서해안을 따라 분포하고 있다. 이러한 분포양상은 주구묘가 마한의 고지에 넓게 분포하고 있음을 보여주고 있으며. 범위가 넓은 만큼 지역별로 평면형태 등의 세부적 차이가 확인된다.

주구묘의 배치에서는 보령 관창리나 서천 당정리 유적의 경우 밀집도가 높으나 각 주구묘 간에 주구 공유 및 중복과 개방부와 장축 방향에서 나란하게 연접 배치하는 양상은 확인되지 않는다.[22] 그러나 고창 남산리·만동·성남리, 원흥리 원당 군동에서는 주구가 나란하게 연접하는 양상이 확인된다. 특히, 고창 성남리Ⅲ유적[23]의

---

22 관창리의 99기, 당정리의 23기 주구묘가 일정 지역에 밀집되어 있지만 거의 주구의 중복이나 연접이 확인되지 않는다. 영등동의 경우도 각각 제법 떨어진 상태로 노출되었다.

23 원광대학교 마한·백제문화연구소, 2005, 『고창의 주구묘-신덕리Ⅲ-A, 도산리, 성남리Ⅲ·Ⅳ, 광대리 유적-』.

고창 성남리 주구묘

경우 3호·4호·5호·6호 주구묘는 경사면 낮은 지점에 변개방부를 두고 직렬로 나란하게 주구가 연접하고, 4호와 5호의 경우 주구가 공유되는 양상이 나타난다. 광대리 유적에서는 8호·9호·10호 주구묘가 직렬로 연접되는데 8호와 10호 사이에 조성된 9호는 변개방부를 양쪽의 두 주구묘의 개방부와는 정반대로 배치되고 있어 두 주구묘 사이 공간을 이용하기 위한 의도적 배치가 있었던 것으로 추측된다. 부안 하입석리 주구묘[24]는 주구를 일정한 간격을 두고 나란하게 직선으로 굴착하면서 개방부도 경사면 위쪽의 양 모서리가 개방되고 경사면 아래가 뚫린 이우일변개방형으로 다른 지역의 주구묘와 차이를 보이고 직렬적 연접 배치가 이루어진다.[25] 이와 같은 배치의 차이는 보령 관창리와 서천 당정리, 익산 영등동에서는 주구묘 각각의 영역이 명확한 양상에서 부안 하입석리, 고창 성남리·광대리, 영광 원흥리 군동에서 연접하면서 점차 중복이 이루어지는 단계로의 변화가 상정된다. 이러한 양상을 적극적으로 뒷받침할 수 있는 근거로는 함평 월야 순촌 유적[26]을 들 수 있는데, 평면형태가 긴 제형으로 변화하며 큰 규모의 주구묘가 연접하면서 생겨난 작은 공간에 소규모의 주구묘가 배치됨으로써 효율적인 공간 활용이 이루어진다. 아울러 주구의 연접과 공유가 자연스럽게 진행되고 바깥쪽에 굴착된 주구는 경계 의미로서의 기능도 수행했던 것으로 보인다.

이러한 변화과정을 거치면서 평면적인 연접단계에서 점차 입체적인 매장이 진행되는 단계로 즉, 이형분구에 여러 매장시설을 조성하는 단계로 접어든 것으로 추정된다.[27] 따라서 이러한 주구묘의 배치변화는 선후관계의 시간성을 의

---

24 전북대학교박물관, 2003, 『부안 대동리·하입석리 유적』.
25 최완규, 2000, 「호남지역의 마한분묘 유형과 전개」, 『호남고고학보』 11, 호남고고학회.
26 목포대학교박물관, 2001, 『함평 월야 순촌유적』.
27 상당한 규모의 분구를 갖춘 함평 예덕리 만가촌유적과 분구가 잔존하고 있지 않은 월야순유

미하는 것으로 이해할 수 있다.

　주구묘의 평면형태는 보령 관창리와 서천 당정리 유적의 경우 방형계가 대다수를 차지하고 주구 개방부의 유형은 모서리와 변에서 다양하게 확인된다. 그러나 익산 영등동의 경우는 평면형태가 원형으로 한 변에 개방부가 있는 양상을 보인다. 그리고 고창 성남리와 광대리 주구묘는 평면형태가 제형을 띠고 개방부가 완만하게 좁아드는 양상이 나타난다. 이러한 양상은 제형이 길게 이어지거나 방대형을 띠면서 낮은 분구를 성토하고 있는 중기단계의 함평 예덕리 만가촌이나 영암 만수리 단계로 변화하는 것으로 추정된다. 평면형태는 방형에서 원형, 그리고 제형으로 변화가 이루어짐을 확인할 수 있다. 이러한 변화과정은 앞에서 살펴본 듯이 주구묘의 배치변화와도 그 시간성을 같이하고 있다.

　주구묘에서 매장주체부가 잔존하고 있는 경우는 고창 예지리 주구묘 4기, 성남리Ⅲ 유적에서는 9기, 함평 월야 순촌 유적은 A-10호분을 비롯한 10기, 영광 군동 유적[28]에서 흑도단경호가 확인된 18호묘를 포함한 총 5기의 주구묘에서 매장주체부가 조사되었다. 주매장주체부는 대부분 토광묘로서 목관이 시설되었던 것으로 추정되며, 함평 월야 순촌 A-32호묘는 대형합구용관을 매장주체부로 안치하고 있어 특징적이다. 한편 주매장주체부를 토광묘로 두는 경우에는 주구 내에 옹관을 안치하거나 대상부 한쪽에 치우쳐 배장묘로 안치하기도 한다. 옹관묘는 합구식이 주를 이루며, 3옹식도 확인되고 있다. 옹관형태는 대형과 소형으로 구분할 수 있는데, 대형옹관의 형태는 영산강유역에서 선황리식으로 불리는 구연이 나팔형에 가깝게 외반하고 축약된 저부가 부착된 것과 짧게 외반하는 구연을 가지며, 장동형의 난형에 가까운 동체를 가지는 형태의 옹관

　적과는 평면구성에서 거의 동일한 것으로 이러한 사실을 뒷받침하고 있는 것이다.

28　목포대학교박물관, 2001, 『영광 군동유적』.

이 확인된다.

매장주체부의 구조는 고창 성남리Ⅲ 유적의 예에서 보면 대부분 묘광 내에서 목관의 흔적이 확인되는데, 목관이 안치된 내부는 밝은 적갈색을 띠고, 그 바깥쪽 부분에는 약간 어두운 색의 보강토가 노출되었다. 축조과정을 유추해 보면 낮게 분구를 성토한 후 목관을 안치할 깊이만큼 굴착하고 목관을 안치한다. 그리고 묘광과 목관사이에 보강토를 채운 후 그 위에 부장유물을 놓고 덮는 것으로 보인다.

부장유물은 주매장주체부인 토광묘에서 단경호와 이중구연호·철도자·철겸 등이 주로 부장되며, 환두(대)도·구슬류는 간헐적으로 부장된다. 이중구연호의 형태는 대체로 견부가 넓게 이어지고 바닥은 주로 평저이다. 견부에는 대칭으로 돌출된 유두를 부착하기도 한다. 표면은 흑갈색의 슬립(slip)이 입혀진 것이 다수 확인되며 기벽은 얇은 편이다. 주요한 특징은 외반하는 구연을 만든 후 그위에 직립하는 구연을 덧붙이는 점이다. 이러한 성형기법은 승문 타날의 원저 단경호에도 나타나고 있기 때문에 주구묘에 부장되는 대표성을 띠는 토기로 볼 수 있다.

한편, 주구 내에서 의도적으로 파쇄한 토기편들이 무더기로 발견되는 경우가 있는데 이는 주구를 중심으로 의례 행위와 관련된 흔적으로 추정된다.

전남 서부지역인 영산강유역권에서 5세기 이전의 마한 분구묘는 영광 군동·나주 용호[29]·영암 금계리[30]·나주 장등유적[31]·함평 월야 순촌 등이 있다. 대부분 제형의 평면형태를 띠며, 매장시설로는 목관과 옹관이 안치되고 목관이 매

---

29 (재)호남문화재연구원, 2003, 『나주 용호고분군』.
30 목포대학교박물관, 2004, 『영암 금계리 유적』.
31 (재)호남문화재연구원, 2007, 『나주 장등 유적』.

장주체시설로 옹관은 주구나 대상부 가장자리에 배장되는 형태가 주를 이룬다. 전북지역 및 호서지역에서 방형의 분구묘가 이른 시기에 존재하는 양상과는 달리 제형이 중심이며, 방형분은 5세기 이후에 등장한다. 매장주체부의 토광은 잔존하는 경우 깊이가 얕게 확인되고, 후대 삭평으로 인해 잔존하지 않는 것도 다수를 이룬다. 축조방법에 있어서는 나주 용호 고분의 경우 일부 분구가 잔존하고 있는데, 일정부분 성토가 이루어진 후에 매장시설이 조성된 흔적 등 분구묘의 요소가 확인된다. 이들 유적에서는 5세기 방대형분 또는 원형분이 등장하기 이전까지의 발전과정이 보이는데, 영광 군동의 제형 분구묘에 독립적인 묘역으로 조성되는 단계에서 월야 순촌 분구묘에서 보이는 양 장변이 길어지는 장제형의 형태와 한쪽 주구를 연접하는 양상, 주구 주변으로 확장하는 양상 등의 연접과 수평확장이 이루어지는 변화과정이 나타난다. 이러한 장제형으로의 변화양상과 수평확장 되는 양상은 함평 월야순촌·나주 용호·영암 금계리·나주 장등유적에서 모두 확인할 수 있다. 특히, 나주 용호 12호분의 한쪽 주구를 길게 확장하거나 나주 장등 10호분과 같이 단 변을 더 넓게 확장하는 등 수평 확장의 방법도 다양하게 나타나고 있다.[32] 또한, 매장시설에서도 변화과정이 확인된다. 나주 용호 고분에서는 매장주체시설로 장동형의 옹관이 안치되는 양상이 확인되면서 이후 목관에서 옹관 중심의 매장시설로 변화의 과정이 간취된다. 나주 용호 12호분은 목관과 옹관이 병용되면서 열을 지어 분구 내 조성되는 양상은 이후 함평 만가촌 분구묘 내 목관의 다장, 영암 내동리 옹관과 목관이 병용되는 단계 이전의 과정을 보여주는 예라 할 수 있다. 출토유물로는 이중구연호와 원저단경호, 조형토기 등이 중심을 이루며, 철기류는 철겸, 철도자, 철부 등이 확인되는데, 상대적으로 고창지역은 동일시기 환두도를 포함한 다량의 옥류 등

---

32 최완규, 2000, 전게서.

위세품으로 볼 수 있는 유물의 부장이 이루어지는 반면, 위 유적에서는 무기류 등의 부장이 거의 나타나지 않는다.

3. 저분구묘로의 변화

이 단계의 분구묘는 평면적으로 주구가 연접하는 전기 마지막 전개 단계 이후 매장위치가 점차 입체적으로 변화하면서 방형의 저분구와 영산강유역권은 제형, 장타원형, 긴 삼각형 등의 이형분구가 다수 조성되며[33] 한 분구 내에 다수의 토광묘, 옹관이 매장되는 등 다장이 나타난다. 중기단계로 구분해 볼 수 있다. 분구묘라는 용어는 원래 일본 고고학에서 흙을 쌓아 분구를 갖춘 야요이 분구묘와 고분시대의 전방후원분을 구분하기 위하여 사용된 명칭이다. 한국 학계에서는 분구묘라는 용어를 그대로 수용해 사용하는 것에 대해 많은 논란이 있지만, 먼저 분구를 조성한 후 분구를 되파서 매장부를 지상에 두는 축조방법의 묘제라는 것에 대한 인식은 같이하고 있다.

대표적인 유적은 영암 신연리 8·10·11호분, 옥야리 6호분, 만수리 4호분, 초분골 1·2호분, 익산 율촌리, 함평 예덕리 만가촌 등이 있으며, 3세기 중엽부터 4세기 전반까지의 시기로 다른 단계에 비해 기간이 짧다.[34] 이 단계 지속기간이 다른 단계보다 짧은 이유는 당시 백제가 고대국가로 성립되는 과정에서 마한세력을 경략하는 사실과 관련하여 생각할 수 있다.

---

33 임영진, 2002, 「전남지역의 분구묘」, 『동아시아의 주구묘』, 호남고고학회 창립 10주년기념 국제학술대회 발표요지, 호남고고학회.

34 한 분구내에 다장이 일시에 이루어지는 것은 아니고 각각의 매장주체부들이 어느 정도 시간차를 두고 안치되기 때문에 그 하한연대를 획일적으로 규정할 수는 없을 것이다.

이 시기의 주 특징은 입체적으로 낮은 분구가 조성되는 점인데 영산강유역을 중심으로 함평 예덕리 만가촌 분구묘[35]와 영암 일원의 분구묘는 평면형태가 다수 긴 제형이 조성되고 있다. 이러한 평면형태는 전기의 늦은 단계에 해당하는 고창 광대리, 성남리Ⅲ, 나주 용호, 함평 월야리 순촌 유적 등과의 주구묘 간 배치는 비슷한 양상이 나타나지만, 평면형태가 상당히 길어지며, 높이 1~1.5m 정도의 낮은 분구가 조성되는 점에서 변화가 나타난다. 특히, 함평 월야 순촌 분구묘와 예덕리 만가촌 분구묘의 평면과 배치

함평 만가촌 분구묘

양상은 분구를 제외하고 거의 동일한 양상을 보인다. 배치양상에서 그 이전단계와 같이 공통적으로 주구가 연접하는 양상이 나타나는데 분구가 조성되면서 이전보다 주구의 너비와 깊이가 상대적으로 크게 조성된다.

전기단계 주구묘는 중심매장주체부로 토광묘가 중앙에 안치되면서 주변 주구 및 대상부에 옹관이 다수 배치되는데 저분구단계의 매장주체부는 토광묘가 대등하게 열을 이루면서 다장이 이루어지는 양상이 확인된다. 이러한 매장시설의 변화과정은 토광묘(목관·목곽묘)와 옹관묘 간의 관계에서도 확인된다. 전

---

35   전남대학교박물관, 2004, 『함평 예덕리 만가촌고분군』.

기단계에는 토광묘가 중심부에 안치되면서 주 매장을 이루고 옹관이 배장의 형태로 안치되지만 이후 단계에는 나주, 영암일원에서 옹관묘가 주매장시설로 바뀌는 양상이 확인된다. 영암 만수리 4호분[36]과 함평 예덕리 만가촌 고분에서는 토광묘가 다수 시설되고 있지만, 영암 초분골 1·2호분, 옥야리 6호분, 익산 율촌리 분구묘에서는 두 종류의 매장시설 중 옹관 비중이 점차 높아진다. 이는 화장 또는 이차장 등 장법의 변화보다는 토기제작기술의 발전에 따른 내구성이 보강되면서 기존 유아용으로 사용하던 옹관이 성인에게도 사용되었던 것으로 생각된다. 이런 변화는 전기 마지막 단계의 함평 월야 순촌 A−32호분에서 대형옹관이 주구묘 중심에 안치되면서 주매장시설로 변화하는 점에서 살필 수 있다.

익산 율촌리 분구묘는 나지막한 구릉 정상부를 따라 5기가 나란하게 분포하는데 대체로 방형에 가까운 분형을 띠고 있다.[37] 이 중 1호분은 높이 1m 내외의 분구 성토층만 확인되었을 뿐 분구 내에서 매장주체부가 확인되지 않아 먼저 분구가 조성된 후 어떠한 이유로 매장시설이 축조되지 못했음을 알 수 있는 자료이다. 2호·5호분은 토광묘와 옹관묘를 매장시설로 조성하고 있으나 2호분은 합구식 옹관만이 4기가 조사되었다. 옹관묘 3기는 97cm 정도로 주·부옹의 규모가 거의 같다. 다른 1기는 원저단경호와 장란형토기를 합구하여 그 규모가 50cm 정도로 미숙아용으로 추정된다. 이들 옹관묘는 중앙에서 서쪽으로 치우쳐 시설되며, 일부는 분구 주위의 주구와 겹쳐 있어 분구가 조성된 이후에 옹관이 매장된 것을 알 수 있다. 특히, 장란형토기를 이용한 소형옹관은 토층 양상으로 보아 주구가 퇴적된 이후 재굴착을 통해 매장된 것을 알 수 있다. 이렇게

---

36 국립광주박물관, 1990, 『영암 만수리 4호분』.
37 원광대학교 마한·백제문화연구소, 2002, 『익산 율촌리 분구묘』.

분구 한쪽으로 치우쳐 매장시설이 조성된 양상은 3호분과 5호분에서도 확인되고 있다. 그러나 5호분은 대형옹관을 중심으로 먼저 작은 분구를 축조하였음이 토층상에서 확인되고 그 위로 전체적인 분구가 성토되고 있어 5호분은 대형옹관의 소분구를 이후 추가로 매장시설을 조성하기 위해 확장하였던 것으로 보인다. 5호분에서 출토된 옹관형태는 넓게 외반하는 구연과 축약된 저부, 동최대경이 견부에 있으며, 견부에 거치문이 시문되었다. 이는 영산강유역의 선황리식 옹관과 동일한 기형이다. 율촌리 고식의 대형옹관을 고창 송룡리 옹관, 영암 선황리 옹관과 함평 예덕리 만가촌 출토 옹관과 비교해보면 거의 동일한 시기에 사용된 것으로 보이고 두 지역 간에 묘제의 계속성을 확인할 수 있다.

중기단계의 분구묘 출토유물은 이중구연호가 점차 사라져가는 반면, 영산강유역에서는 직구호, 장경호, 유공광구소호 등의 새로운 기종이 등장하면서 중기단계에서도 늦은 시기로 추정되는 신연리 9호분[38]에서도 장경호 및 직구호가 주 기종으로 부장이 이루어지고 있다.

함평 예덕리 만가촌 고분군은 총 14기의 고분이 분포하고 있으며, 남—북 장축을 두고 있는 군집(1~9호)과 동—서 장축(12~14호)을 두고 있는 군집으로 구분할 수 있다. 분형은 양변이 40m를 넘는 장제형을 띠고 있으며, 2기의 장제형분이 나란하게 연접하여 조성되고 2기의 장제형분 사이 비어있는 공간을 이용해 또 다른 제형분이 조성되는 배치구조를 보인다. 분구는 잔존상태가 양호한 경우 2m 가깝게 확인되며, 매장시설은 목관과 옹관이 병용되었으며, 분구 중에 일정부분 성토된 후 조성되었다. 분구 중에 목관과 옹관이 병용되면서 다장을

---

38 서해안 고속도로 조사에서 주구묘와 같은 시기에 축조된 것으로 판단되는 동일한 형태의 주거지가 폐기된 이후 그 위에 방형의 분구묘가 축조된 것인데 두 유구간의 선후관계를 파악하는 좋은 자료이다.(국립광주박물관, 1993, 『영암 신연리 9호분』.)

이루는 양상은 이후 영암 시종면 일원에서 나타나는 U자 전용옹관의 다장과 목관 혹은 목곽의 병용되는 양상, 영산강유역의 본격적으로 타원형 및 방대형분, 원형분이 등장하기 이전의 연결단계로 볼 수 있다.

4. 대형 분구묘의 축조

후기단계는 분구묘의 평면형태가 정형화가 이루어지면서 방형분과 원형분이 축조되는데, 규모에서도 대형화가 이루어진다. 매장시설로는 U자형의 전용옹관이 중심매장시설로 안치되며 4세기 중반 이후부터 5세기 후반 사이에 중점적으로 나타난다. 방대형분으로는 영암 옥야리 방대형 1호분,[39] 나주 대안리 3·9호분, 신촌리1·9호분,[40] 복암리 3호분[41] 등이 있으며 원대형분으로는 나주 신촌리 2호분, 덕산리3~5호분[42] 등으로 영산강유역의 나주 반남면·다시면 일원과 영암 시종면 일원에 주로 분포하고 있다. 군집양상에 있어서는 산발적인 분포를 보이며 전기 및 중기단계의 주구묘 및 분구묘와 같이 주구가 연접하는 양상은 확인되지 않는다.

영산강유역의 방대형 고분의 분구 규모는 장축이 10.5m~44.3m, 단축은 8.9m~34.94m이며 높이는 0.49m~8.41m까지 그 차이가 다양하다.[43] 매장시설

---

39 국립나주문화재연구소, 2012, 『영암 옥야리 방대형고분 제1호분』.
40 국립광주박물관, 1988, 『나주 반남고분군』.
41 국립문화재연구소, 2001, 『나주 복암리 3호분』.
42 전남대학교박물관, 2002, 『나주 덕산리 고분군』.
43 성낙준, 1997, 「옹관고분의 분형-방대형과 원형분을 중심으로-」, 『호남고고학보』 5, 호남고고학회.

은 신촌리 9호분에서 11기, 대안리 9호분은 7기의 전용옹관이 분구 정상부에 위치하고 있다. 그 중 신촌리 9호분은 분정부에 상하중첩으로 대형옹관이 안치되고 있어 조영 기간이 길었다는 것을 짐작할 수 있는데 재조사에서 분정 주변에 배치된 원통형토기의 양상을 통해 최소 한차례에 걸친 분구확장이 이루어 졌음을 알 수 있다.

나주 복암리 3호분

　나주 복암리 3호분은 발굴조사결과 평면형태가 정방형에 가까운 방대형이며, 분정부 중앙의 평탄지에는 즙석시설이 이루어졌다. 분구의 축조과정은 이미 기존에 존재하던 옹관묘군을 방대형의 분구로 기획하면서 조정 확대한 것으로 파악된다. 특히 분구 내에서 옹관묘, 다양한 형식의 석실묘 등 영산강유역에서 보이는 다양한 형태의 매장시설이 확인되었으며, 금동신발·은제관식·규두대도 등이 출토되면서 반남면 신촌리 9호분의 금동관, 금동신발을 비롯한 최상위 위세품을 부장하는 피장자 집단과 비교를 통해 사회적 성격을 가늠해 볼 수 있는 것이다. 또한 방대형 및 원형 고분의 규모가 다양한 현상도 그 사회의 분화정도를 알 수 있는 것이다.

　원형분의 규모는 직경이 15.8m~45.5m이며 높이는 2.5m~10m까지 역시 방형분구묘와 같이 그 편차가 다양하다.[44] 전용옹관이 주 매장시설로서 나주 덕산리 3호분에서 5기, 덕산리 4호분에서 2기, 덕산리 5호분에서는 7기가 조사되었

44　성낙준, 1997, 전게서.

다. 이미 도굴이 이루어진 점을 감안하면 더 많은 옹관이 매장되었던 것으로 추정된다.[45]

이 시기의 옹관은 U자형의 전용옹관으로 형식 분류상 마지막 단계에 등장하는 3형식에 해당한다.[46] 대체로 분구 정상부에 안치하고 있으며, 나주 신촌리 9호분은 11기의 대형옹관이 상하 중첩되는 양상은 수직적인 확장과정도 이 시기에 나타나고 있음을 알 수 있다.

후기단계의 분구묘에서 주로 출토되는 토기는 유공광구소호가 증가하며, 원저호와 경부에 장식이 있는 장경호, 직구호 그리고 개배류와 고배 및 기대 등이 새롭게 등장하여 성행한다.

이 단계에는 전용옹관을 중심으로 한 매장시설을 상하 중첩하여 매장하기도 하지만 좀 더 늦은 단계에는 옹관과 함께 석실묘도 동일 분구 내에 축조되는 양상이 나타나고 있어 석실의 형식에 따라 왜와의 교류 및 백제세력의 영산강유역 진출 등을 짐작할 수 있는 고고학적 근거가 되고 있다.

한편 나주 신촌리 9호분과 복암리 3호분에서는 최상위 위세품인 금동제 유물의 출토가 이루어지는데, 그 의미로는 영산강유역의 세력이 강력한 나름대로의 사회질서를 가지고 있었다고 볼 수 있다. 이러한 금동제 유물과 관련하여 영산강유역의 상위계층 세력은 그들의 기반이 순수하게 이 지역을 기반으로 하였는지 또는 백제 중앙세력을 배경으로 두었는지 하는 문제가 남아있는데, 이는 백제와 재지토착세력 간의 관계와 더불어 이 시기 백제지방통치의 한 단면을 파악할 수 있는 중요한 근거가 될 것으로 생각된다.

---

45 대부분 일제시대에 정상적인 발굴조사가 이루어진 것으로 보기 어렵고 이후 보고서도 충실하지 못한 점이 그 한 원인으로 지적할 수 있다.
46 이정호, 1997, 「전남지역의 옹관묘-대형옹관고분 변천과 그 의미에 대한 시론-」, 『호남고고학보』 6, 호남고고학회.

한편 영산강유역 이외의 전북 고창지역에서도 정밀 지표조사에서 후기단계
로 추정되는 분구묘가 다수 발견되었다. 자료는 제한적이지만 그 특징과 성격
에 대하여 간략하게 살펴보면 다음과 같다.[47]

우선 분구묘의 입지는 대체로 구릉 정상부에서 하단부로 이어지는 능선에 위
치하지만 이외에 경사를 이루는 사면부와 평탄한 충적지에 분포하는 것도 있어
다양한 양상을 띠고 있다. 구릉 정상부는 주변을 조망하기 매우 용이한 지점으
로 인접하여 곡간 평야가 펼쳐져 있다.

이러한 입지에 위치하는 대형 분구묘는 멀리서도 우뚝 서 있는 모습이 보이
게 되면서 분구의 효과를 극대화할 수 있을 것이다. 이러한 입지를 택하고 있으
며, 군집을 이루는 유적으로는 봉덕리 고분군, 석남리 고분군, 장산리 고분군을
들 수 있다. 그리고 칠암리고분은 다른 유적과 달리 전방후원형의 분구를 가지
고 있어 주목되며, 근래 주변 조사로 전방후원형 고분이 인접 주변에 분포하고
있음이 확인되었다. 한편 군유리 고분은 평지에 조성되어 있는데 주변으로 넓
은 들이 펼쳐져 있으면서 가시적으로 대형고분의 효과를 극대화해 분구묘의 입
지선정에 의도가 잘 반영되는 예라 할 수 있다.

이 밖에 구릉 말단부에 축조된 예로는 고창 덕림리·부곡리·신촌리·용수리
등 대체로 단독으로 분포하는 경우가 많아 앞의 고분군과 대비되지만, 역시 이
들 고분 주변에도 넓은 들이 형성되고 있어 분구의 축조 의도에 있어 큰 차이를
보이지는 않는다.

분구의 형태는 절두방대형, 원형, 전방후원형 등 세 유형으로 구분할 수 있
는데 절두방대형 또는 전방후원형 고분이 원형분에 비해 상대적으로 규모가 크
다. 그러나 군집을 이루는 경우에는 동일한 유형의 분구만이 분포하는 특징을

---

47 최완규, 2002, 전게서.

보인다. 다양한 형태의 분구가 축조된 의미는 시기 차나 계통적인 차이에서 비롯된 것으로 생각된다.

매장주체부에 대해서는 주변에서 수습된 유물과 분구가 훼손된 경우 일부 노출된 축조재료를 통해 어느 정도 추정이 가능한 것도 있다. 예를 들면 봉덕리 3호분은 절두방대형을 띠고 있다. 분정부와 그 주변에서는 대형 옹관편이 확인되었고 일부 삭평된 사면부 내에서 다수의 석재들이 산재하고 있어 옹관묘와 석실묘 등을 추정해 볼 수 있다. 그리고 절개된 면에서 분구 정지층으로 추정되는 흑갈색점토층이 띠를 이루고 있어 분구의 높이도 대략 짐작되고 있다. 주변 수습유물 중 기대편, 고배편, 유공광구소호편 등도 주로 옹관과 석실묘를 매장시설로 하고 있다는 추정을 뒷받침한다. 이러한 양상은 고창지역의 절두방대형 분구묘는 거의 동일할 것으로 보이는데 나주 반남면 일대의 복암리 3호분과 비교될 수 있는 자료로 보인다.[48]

원형 분구묘에서는 분정부에 확인된 석재들이 석실묘의 축조재료로 추정되고 있고, 분구와 석실의 규모를 가늠해보면 다장 보다는 단장일 가능성이 있다. 즉, 석실묘를 분구 중앙부에 단독으로 조성한 것으로 추정된다. 이러한 양상은 고창 석남리 4호분과 덕림리에서 확인되는데 석남리 4호분은 벽석이 비교적 안정된 상태로 노출되었고, 덕림리는 덮개돌로 추정되는 대형의 판상석이 드러나고 있다.

이같이 원형과 절두방대형 분구묘는 분형 및 규모에서 차이가 나타나지만 매장주체시설도 다르다고 할 수 있다. 영산강유역의 기존 연구성과를 참고하면 절두방대형에서 원형 분구묘로 이행된 것으로 추정되며 그 시기는 대체로 5세기 전반에서 중반에 걸치는 것으로 볼 수 있다.

---

48 원광대학교 마한·백제문화연구소, 2000, 『고창의 분구묘-분포 및 측량조사 보고서』.

칠암리 전방후원형 고분은 현재까지 국내에서 발견된 것 가운데 가장 북쪽에 위치하는 것으로 최북단에 분포하는 그 자체에 의미가 크다고 할 수 있다. 매장 주체부는 석실묘로 후원부에 조성되며, 분구 장축과는 다른 방향으로 축조되는데, 광주 월계동의 예와 비교될 수 있다. 전방후원형 고분은 고창지역의 원형, 절두방대형 분구묘와의 관련성과 그 성격이 규명되어야 고대 한·일간의 교류 관계에 대해서 새로운 과제를 갖게 되는 계기가 될 것이다.

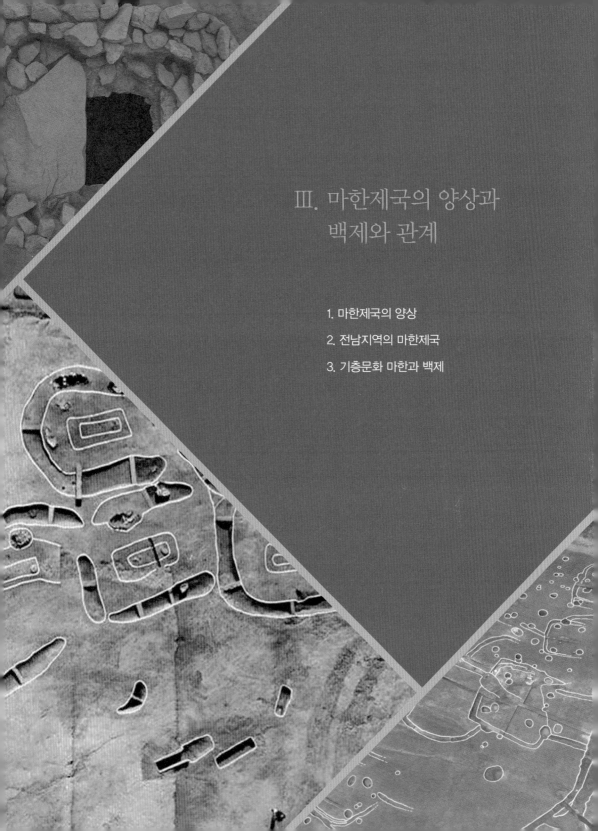

Ⅲ. 마한제국의 양상과
백제와 관계

1. 마한제국의 양상

『삼국사기』나 『삼국유사』에 기록된 마한 제국의 양상은 매우 소략하여 그 모습을 유추하기에는 많은 한계가 있다. 그러나 중국 서진시대에 진수(陳壽 : 233년~297년)가 편찬한 『삼국지』와 남조(南朝) 송(宋) 범엽(范曄 : 398년~445년)이 지은 『후한서』에는 마한은 54국으로 구성되어 있다고 구체적으로 기록되어 있다. 그 중 『삼국지』에는 각각의 국명을 기록하면서 큰 나라는 만여가, 작은 나라는 수천가로서 총 십여만호나 된다고 하였다.

오늘날 마한의 공간적 범위는 대체적으로 경기, 충청, 전라지역의 한반도 중서부 서해안 일대로서, 문헌에서 보이는 마한의 각 소국도 이 지역 내에 자리하고 있었을 것으로 추정할 수 있다. 그러나 마한 소국의 위치나 사회구조 성격에 대한 해석은 연구자에 따라 다양한 견해가 표출되고 있으므로 각 소국의 구체적인 실상에 대한 접근은 매우 어려운 편이다.

한반도 중서부 지역에는 마한 성립과 관련되는 조기 단계의 토광묘부터 마한 발전기에 급격하게 확산하는 분구묘계통의 분묘들이 광범위하게 연속적으로 축조되었음이 확인되고 있다. 이러한 고고학적인 자료를 통해서 보면 마한문화의 전통은 매우 강하게 자리잡고 있었음도 알 수 있다. 따라서 백제의 지배하에 편입된 이후에도 마한의 정치·문화 중심지였던 지역을 중심으로는 기층문화로서 마한 분구묘의 전통이 지속적으로 이어지고 있음이 확인된다.

마한 연구에 있어서 가장 기초가 되는 소국의 위치 비정에 관한 연구는 주로 후대의 지리지에서 발음이 유사하거나 표기 방식에서 상관성이 있는 지명을 찾는 방법으로 이루어져 왔다. 그러나 국명의 음운학적인 방법을 통한 위치 비정은 확증하기 어렵고, 연구자 간의 견해 차이도 심해 마한 소국의 정확한 위치와 국명을 특정하기에는 한계가 있다. 따라서 문헌자료의 한계를 극복하기 위하여 고고학적 자료의 이용은 마한 소국의 명칭에 대한 접근은 어렵지만, 소국의 공간적 범위는 어느 정도 특정할 수 있을 것으로 생각된다.

1) 전북지역의 마한제국

다음 표는 정인보,[1] 이병도,[2] 천관우,[3] 박순발[4] 등 마한 소국의 위치 비정에 있어서 대표적인 연구자 4인의 의견을 정리한 것이다. 현재 전북지역의 지명을 마한 소국으로 비정한 연구자의 수를 분모로 전북지역을 표에 보이는 마한 소국명으로 지칭한 연구자의 수를 분자로 해서 작성한 표임을 밝혀둔다.

표 1 전북지역 마한소국 위치 비정표

	지명	소국명	소국명	소국명
1	군산 회미	비리국(卑離國)(2/4)		
2	군산 임피	신흔국(臣釁國)(1/3)		
3	군산 옥구	만로국(萬盧國)(2/4)	임소반국 (臨素半國)(1/4)	사로국 (馹盧國)(1/4)
4	익산	건마국(乾馬國)(2/4)	감해국(感奚國)(1/4)	
5	익산 함열	감해국(感奚國) (3/4)	염로국(冉路國)(1/3)	
6	익산 여산	여래비리국 (如來卑離國)(1/4)	아림국(兒林國)(1/4)	
7	김제	벽비리국 (闢卑離國) (3/4)		

---

1 정인보, 1935, 『조선사연구』 상권.
2 이병도, 1976, 「삼한문제의 연구」, 『한국고대사연구』, 박영사.
3 천관우, 1989, 「마한제국의 위치시론」, 『고조선사·삼한사연구』, 일조각.
4 박순발, 2013, 「유물상으로 본 백제의 영역화 과정」, 『백제, 마한과 하나되다』, 한성백제박물관.

	지명	소국명	소국명	소국명
8	김제 금구	고탄자국(古誕者國)(1/3)	구사오단국 (臼斯烏旦國)(1/4)	
9	부안	지반국(支半國)(2/3)		
10	정읍	초산도비리국 (楚山塗卑離國)(2/4)	첩로국(捷盧國)(1/3)	
11	정읍 고부	구소국(狗素國)(2/3)	고리국(古離國)(1/4)	
12	고창	모로비리국 (牟盧卑離國)(4/4)	일난국(一難國)(1/3)	
13	고창 흥덕	신소도국(新蘇塗國)(1/4)		
14	전주	불사분사국 (不斯濆邪國)(2/4)		
15	완주 화산	지반국(支半國)(1/3)		
16	진안	염로국(冉路國)(1/3)		
17	순창	소석색국(小石索國)(1/3)		
18	임실	대석색국(大石索國)(1/3)		
19	남원	고랍국(古臘國)(1/4)		
20	남원 운봉	불운국(不雲國)(1/3)		

괄호안의 숫자는 예시한 전북지역을 지목한 연구자 수/예시한 마한 소국을 비정한 연구자 수를 의미함

  위 표에서 보면 전북의 20개소 지역에 대해서 마한 소국이 비정 되고 있음을 살필 수 있다. 이를 살펴보면 고창의 모로비리국(牟盧卑離國)만이 4명의 연구자 모두 동의하고 있으며, 익산 함열의 감해국(感奚國)과 김제의 벽비리국(闢卑離國)은 4명 가운데 3명이 동의하고 있어 커다란 의견 차이가 보이지 않는다. 부안의 지반국(支半國)과 정읍 고부의 구소국(狗素國)은 3명 가운데 2명이 같은 의견을 제시하고 있으며, 군산 회미의 만로국(萬盧國)과 익산의 건마국(乾馬國), 그리

고 정읍의 초산도비리국(楚山塗卑離國)과 전주의 불사분사국(不斯濆邪國)은 4명 가운데 2명이 동일한 견해를 제시하고 있다. 나머지 11곳의 마한 소국 위치 비정은 학자마다 다른 견해를 제시하면서 문헌 자료 분석의 한계를 실감하게 하지만, 그 가운데에서도 소국의 위치에 대한 견해차가 어느 정도 의견 접근이 이루어지는 곳은 김제의 벽비리국(闢卑離國), 고창의 모로비리국(牟盧卑離國), 익산 함라 일대의 감해국(感奚國) 등이라 할 수 있다.

한편 『일본서기』 권9 신공황후 49년조에 전북지역으로 추정되는 마한 정치체의 이름이 보인다.[5] 그 내용을 근거로 해석하면 백제 근초고왕 24년(369년)에 침미다례(忱彌多禮)를 정벌하자 비리벽중포미지반고사읍(比利辟中布彌支半古四邑)이 백제에 자연스럽게 복속됐다는 것이다. 먼저 침미다례의 위치는 남해안의 해남지역이나 강진, 또는 고흥반도로 비정하며, 비리와 벽중은 내륙지역으로 인식하여, 백제가 해로와 육로를 장악하면서 마한을 복속시킨 것으로 이해되고 있다.[6] 다음 비리벽중포미지반고사읍에 대한 지명은 크게 比利·辟中·布彌支·半古의 4읍으로 보는 견해와 比利·辟中·布彌支·半古·四邑 의 5읍으로 보는 견해로 나누어져 있는데, 4읍으로 보는 견해가 대체로 우세하다. 이에 따라 비리(比利)는 전주 혹은 부안, 벽중(辟中)은 김제, 포미지(布彌支)는 정읍 일대, 반고(半古)는 부안과 태인 일대로 비정되고 있어 4세기 중엽 경에는 전북지역이 백제에 복속되었다는 것을 파악할 수 있다.[7]

이처럼 문헌자료에 보이는 마한 소국의 명칭과 현대 행정구역명의 음운 비교를 통한 소국의 위치를 비정하는 연구는 모로비리국을 비롯한 일부 소국의 위

---

5 "仍移兵 西廻至古奚津 屠南蠻忱彌多禮 以賜百濟. 於是 其王肖古及王子貴須 亦領軍來會. 時比利 辟中 布彌支 半古 四邑 自然降服."
6 양기석, 2013, 「전남지역 마한사회와 백제」, 『백제학보』 vol 9, 백제학회.
7 최완규, 2013, 「김제 벽골제와 백제 중방성」, 『호남고고학보』 44, 호남고고학회.

치 정도만이 의견의 일치를 보고 있을 뿐, 대부분 연구자에 따라 상당한 견해 차이를 보인다. 따라서 이러한 한계를 극복하기 위하여 고고학적 자료인 분묘와 생활유적을 활용하여 밀집도에 따라 소국의 위치를 비정해 보면 다음 지도(고고학 자료로 본 전북지역 마한소국)에서 보이는 것과 같은 결과를 도출할 수 있다. 또한, 소국으로 비정할 수 있는 각 군집 된 유적군에서는 위치에 따라 마한

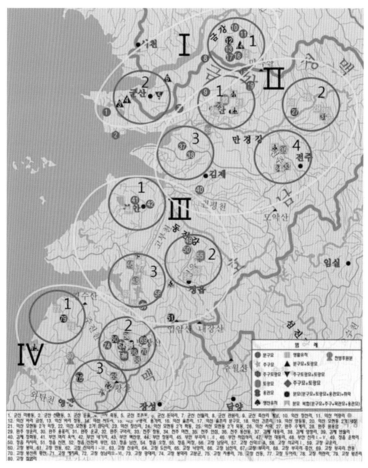

고고학 자료로 본 전북지역 마한소국

관련 유적이 백제 영역화 이후에도 지속하여 축조되는 곳이 확인된다. 그 만큼 마한문화의 전통이 강력하게 유지되고 있음을 알 수 있다. 이러한 의미는 백제 영역화 이전에도 강력한 세력을 가진 정치·사회적 집단으로 이해할 수 있는데, 그것은 『삼국지』에 보이는 만여가(萬餘家)로 구성되었다고 기록된 대국으로 비정도 가능할 수 있을 것이다. 또한, 이 대국은 주변 천여가(千餘家)로 구성된 소국 연맹체의 수장국으로서 역할을 담당했을 것으로 추정해 볼 수 있다.

전라북도 일대에서 조사된 마한의 분묘와 생활유적을 중심으로 군집한 범위를 지역별로 표기된 앞의 지도(고고학 자료로 본 전북지역 마한소국)를 통해 마한소국의 위치를 추정해 볼 수 있는데, 모두 12개의 소국이 위치했을 것으로 추정된다. 먼저 지도에서 보듯이 3개의 군으로 대별할 수 있는데, Ⅰ군은 금강유역으로 2개의 군집이 보이고, Ⅱ군은 만경강유역을 중심으로 4개의 작은 군집들이 분포하며, Ⅲ군은 동진강과 고창 흥덕을 경계로 하는 공간적 범위에 3개의 소군이, Ⅳ군은 고창지역에 3개의 소군집이 배치되어 있다. 이들 각각 Ⅰ·Ⅱ·Ⅲ·Ⅳ군의 문화적 양상은 마한의 성립이나 성장 과정과 백제와 상호관계 설정에 따라서 그 특징을 달리하고 있는 것으로 보인다. 또한, 마한 정치·문화적 전통의 강약에 따라 때로는 백제 영역화 이후까지도 마한문화의 전통이 지속적으로 유지되고 있는 양상도 나타난다.

표 2 고고학 자료로 본 전북지역 추정 마한소국

번호	권역		주요유적			문헌비정 소국	비고
			분구묘	주거유적	기타		
1	금강 (Ⅰ군)	1	익산 와리 금성 9기 익산 율촌리 5기 익산 서두리 4기	와리 금성 20기 서두리 13기 군산 관원리 31기		감해국	
2		2	군산 축동 10기 군산 미룡동 10기 군산 산월리 2기	산월리 4기			

번호	권역	주요유적			문헌비정 소국	비고
		분구묘	주거유적	기타		
3	1	익산 율촌리 5기 익산 장신리 4기 익산 모현동 묵동 5기 익산 영등동 5기	익산 장신리 109기			
4	2	완주 수계리 17기 완주 상운리 30기	익산 사덕 105기 완주 수계리 68기 완주 상운리 14기 완주 용흥리 14기			
5	만경강 (Ⅱ군)	3	김제 장화동 7기 김제 양청리 1기		벽비리국	
6		4	전주 장동 1기 전주 마전 5기 전주 안심 5기	전주 장동 69기 전주 마전 20기 전주 안심 3기 전주 암멀 19기	불사분사국	
7	1	정읍 운학리 3기 정읍 지사리 5기	정읍 남산 40기 정읍 오정 14기 부안 백산성 17기			백제 중방성 치소
8	동진강 (Ⅲ군)	2	부안 부곡리 2기 부안 신리 6기	부안 부곡리 15기		
9		3	정읍 신면 8기 고창 신덕 2기	부안 장동리 33기 정읍 신면 33기 고창 교운리 44기 고창 신덕리 31기 고창 신송리 13기		
10	1	고창 만동 13기 고창 봉덕리 5기 고창 증산 8기 고창 남산리 12기	고창 석교리 32기 고창 부곡리 26기 고창 봉덕 56기 고창 남산리 65기		모로비리국	
11	고창지역 (Ⅳ군)	2	고창 성남리 14기 고창 광대리 13기	고창 성남리 9기		
12		3	고창 왕촌리 2기 고창 자룡리 7기	고창 왕촌리 21기 고창 두어리 31기		

가) 금강하구유역

금강하구유역에 위치하는 소국 중심은 함라·함열·황등지역(Ⅰ-1소국:감해국)과 군산지역(Ⅰ-2소국:비리국)으로 나뉜다. Ⅰ-1·2 소국의 중심연대는 3~4세기에 해당하고 있는데, 이 지역은 백제가 한성기부터 대외관문으로서 주목하고 있던 지역이었다. 웅진과 사비기에 들어서 금강하구는 대외관문 역할을 하는 중요한 요충지로서 백제는 이 지역에 대한 장악력을 강화할 수밖에 없었을 것이다. 금강하구유역은 호남의 어느 곳보다 일찍부터 백제 석축묘가 축조되고 있는 사실이 이를 증명하며, 이 지역에서 마한 분구묘는 4세기 이후 크게 발전하지 못하고 소멸된 것으로 보인다. 그것은 백제의 영역화 과정에서 이 지역의 마한 소국은 일찍이 백제에 편입된 것으로 이해할 수 있다.

나) 만경강유역

만경강유역에 위치하는 소국 중심은 익산, 완주, 전주, 김제지역 등 4개의 행정구역 단위로 구분된다. 익산(Ⅱ-1소국)의 주요유적은 익산 모현동과 영등동 일원에 분포된 분구묘와 주거유적을 들 수 있다. 모현동 묵동유적의 분구묘는 수평 확장의 축조방법 및 출토유물을 볼 때, 5세기 중·후엽에 조성된 것으로 보이며, 이는 동시기 금강유역을 중심으로는 횡혈식석실묘 및 수혈식석곽묘 등의 백제 석축묘가 조성되는 것과는 비교되며, 즉, 이 일원은 마한의 전통적 묘제가 지속되고 있음을 보여주는 예이다. 모현동 묵동유적에 바로 인접한 익산 장신리 유적에서도 3~4세기에 해당하는 전·중기단계의 마한 분구묘가 확인되면서 분구묘가 마한시대부터 백제영역화 이후까지 익산 모현동 일원에 지속되었다는 것을 보여준다.

　만경강 상류에 위치하는 소국(Ⅱ-2)은 완주군과 익산 일부 지역이 해당하며, 주요 유적은 완주 상운리와 수계리 분구묘 그리고 익산 사덕 주거유적을 들 수 있다. 완주 상운리 유적[8]은 완만한 구릉 일원에 위치하며, 전기단계부터 후기단계의 분구묘가 분포하고 있어 변화과정을 확인할 수 있다. 가-1지구에서는 8기의 분구묘에서 매장시설로 토광묘 43기, 옹관묘 17기가 확인되었는데, 토광묘는 방향성을 달리하여 안치되기도 하며, 일부는 중첩을 이루고 있다. 주구를 확장하여 매장시설을 추가로 조성하거나 매장시설 위로 성토하여 매장시설을 조성하는 양상이 확인된다. 특히, 가-1지구의 1호분 중 1호와 2호의 토광묘는 점토곽을 시설한 후 목관을 시설한 것으로 규모나 축조방법에서 볼 때 최고 유력자의 것으로 추정된다. 이는 부장유물인 환두대도 및 대도, 금동이식, 철정, 철부, 철촉 등의 다양한 철기유물과 옥류, 토기 등에서 뒷받침된다. 완주 상운리에서 조사된 분구묘는 군집 양상과 규모 그리고 철기제작과 관련된 출토유물등을 볼 때, 마한시대부터 백제 영역화 이후에도 마한의 전통을 유지하고 있던 고도의 철기제작 기술을 소유하고 있었던 유력 집단에 의해 축조된 것으로 추정된다.

김제지역의 벽비리국으로 비정되는 소국(II-3)에는 마한 분구묘 외에도 경제적 기반이 되었던 농경수리유적인 벽골제가 축조되어 있으며, 특히 장화동 유적[9]에서 확인된 와즙건물지는 백제시대 이 지역의 위상을 짐작게 해준다.

전주지역의 소국(II-4)은 불사분사국(不斯濆邪國)으로 비정되고 있는데, 주요 유적으로는 축조 중심연대가 5세기 중엽에서 6세기 중엽에 걸쳐 축조된 것으로 추정되는 마전유적[10]과 6세기 초에 해당하는 장동 분구묘[11]를 들 수 있다. 그리고 6세기 중엽 이후에 마한 전통으로 볼 수 있는 주구 및 지상화된 축조과정이

---

8 전북대학교박물관, 2010, 『완주 상운리 I · II · III』.

9 (재)전북문화재연구원, 2011, 『김제 장화동 유적』.

10 (재)호남문화재연구원, 2008, 『전주 마전유적(IV)』.

11 (재)전북문화재연구원, 2009, 『전주 장동유적 I · II』.

반영된 석실분이 확인된 안심유적을 들 수 있다.

이와 같이 만경강유역에서 금강하구에 비해 지속적으로 마한 분구묘가 축조되었던 이유는 이 일원이 마한의 성립지로서 마한 문화적 전통이 매우 강했기 때문에 비롯된 것으로 볼 수 있다.

다) 동진강유역

동진강 유역에는 정읍과 부안 전역, 김제시의 황산면, 죽산면, 부량면, 봉남면 일대가 해당한다. 특히 이 권역 내에는 백제의 중방성인 고사부리성이 있어 백제의 지방통치와 관련이 깊은 지역으로 새롭게 주목된다.[12]

우선 부안에서 마한과 관련된 유적은 서해안 고속도로의 건설과정에서 발견된 분묘유적으로 부곡리, 신리, 대동리, 하입석리 유적 등에서 주구묘가 확인되었고, Ⅲ-2 소국에 해당한다. 이 주구묘들은 평면형태가 제형과 방형을 기본으로 하며, 대체로 일변이 개방되고, 1~2개의 모서리가 개방된 유형을 띠고 있다. 주매장시설은 대부분 삭평되어 발견되지 않지만, 무덤의 대상부나 주구에서 옹관이 확인된다.

Ⅲ-3 소국에 해당하는 정읍의 최남단에 위치한 신면유적에서는 지점을 달리해서 집자리와 더불어 분구묘 8기가 확인되었다. 이처럼 삶과 죽음의 공간을 구분한 유적으로는 인근 장성 환교 유적이 있는데, 취락 공간에서 불과 얼마 멀지 않은 곳에 분묘 군을 조성하는 전통은 현재의 자연 부락에서도 나타나고 있다.

Ⅲ-1 소국의 대표적인 유적인 운학리 분구묘[13]는 천태산에서 서쪽으로 뻗어

---

12 최완규, 2016, 「백제 중방문화권 내 마한 기층문화와 백제」, 『정읍 속의 백제 중앙과 지방』, 정읍시·정읍문화원·전북문화재연구원.

13 전영래, 1974, 「정읍운학리고분군」, 『전북유적조사보고』 3, 전주시립박물관.

내려온 지맥에서 탑립부락의 북편 서북방향으로 뻗은 대지 위에 남동에서 서북방향으로 3기의 분구묘가 일렬로 배치되어 있다. 석실의 유물은 도굴되었으나 철모편(鐵鉾片) 1점, 금도은제교구(金塗銀製鉸具), 철지은장금도(鐵地銀張金塗)의 용문투조과판(龍紋透彫銙板)이 수습되었다. 과판은 일본의 칠관(七觀) 고분에서 출토된 자료와 수법과 성격 면에서 동일하여, 고대 한일 간 교류 관계를 파악할 수 있는 중요한 자료이다.

지사리 분구묘[14]는 은선리 지사부락 남쪽 금사동 산성 서쪽 봉우리에서 서쪽으로 뻗은 구릉 위에 5기가 나란히 자리하고 있는데, 정밀측량 결과 A·B·C호분은 분구가 방대형이며, D·E호분은 원형의 분구임이 확인되었다. 분구의 정상에 안치되었던 석실은 도굴된 것으로 운학리와 같은 수혈식 석곽으로 추정되고 있다.

라) 고창지역

고창지역은 백제의 영역화가 이루어진 이후 늦은 시기까지 마한 분구묘가 축조된 지역으로 16기의 대형 분구묘가 고창 일원에 분포하고 있음이 확인되었다. 그 가운데 아산면 봉덕리와 상하면 석남리의 경우에만 군집을 이루고 나머지는 1~2기가 산발적으로 분포한다. 규모 면에서 봉덕리 분구묘가 월등히 대규모인 점과 인근에 만동·봉덕·선동 분구묘를 비롯하여 반경 5km 이내에 예지리·남산리·도산리·증산 분구묘 유적 등이 집중적으로 분포하고 있다는 점은 이 일대가 마한의 중심 세력지로 비정될 수 있다.

Ⅳ-1의 소국에 위치하는 고창 봉덕리 1호분[15]은 5세기 이후 등장하는 후기단

---

14 최완규, 2006, 「정읍지역의 선사·고대문화」, 『전북의 역사문물전-정읍-』, 국립전주박물관.
15 원광대학교 마한·백제문화연구소, 2016, 『고창 봉덕리 1호분-종합보고서-』.

230 **제2부** 마한의 성립과 발전

계 대형 고분으로 백제 영역화 이후 나타나는 양상으로 보인다. 특히, 4호 석실에서 출토된 금동신발, 중국제 청자반구호, 은제장식대도, 청동탁잔, 성시구 등과 5호 석실에서 출토된 금동신발편, 대금구 등의 출토유물로 볼 때, 조영의 주체는 마한 모로비리국의 중심 세력인 것으로 추정할 수 있으며, 백제의 영역화 이후에도 상당한 정치 세력을 유지하고 있었음을 보여주고 있다. 따라서 고창 봉덕리 고분군은 백제의 중앙과 지방의 관계를 파악할 수 있는 귀중한 자료로 판단된다.

　봉덕리 고분군과 비슷한 시기에 고창 해안지역에서는 왕촌리 분구묘[16]와 자룡리 분구묘[17]가 분포하고 있으며, 평면형태는 원형으로 매장시설은 석축묘가 아닌 토광묘가 지속적으로 사용되는 양상을 띠고 있다. 자룡리에서는 주구 내에서 시유도기와 다량의 유공광구소호가 출토되는 특징을 보이며, 왕촌리 분구묘는 나주 신촌리 9호분 출토 원통형토기와 거의 유사한 형태의 출토품이 주구 내에서 다수 확인되어 두 지역 간에 교류 및 연관성을 검토할 수 있다. 또한, 서해안에 인접한 점을 보면 고창지역의 해상을 기반으로 한 세력으로 추측해 볼 수도 있다.

　한편, 칠암리에서 발견된 전방후원형 고분[18]은 지금까지 한반도에서 발견된 고분 중에서 가장 북쪽에 위치하는 것으로서, 고분의 분포 위치 그 자체에 의미가 있는 것으로 보인다. 매장주체부는 훼손이 심해 석재 일부만 잔존하는데, 후원부에 분구의 장축과 다른 방향으로 조성된 것으로 판단하고 있다. 광주 월계동 전방후원분의 예와 비교될 수 있다. 이러한 전방후원형 고분은 고창지역의

16　(재)전주문화유산연구원, 2015, 『고창 금평리·왕촌리·고성리유적』.
17　(재)전주문화유산연구원, 2014, 『고창 자룡리·석남리유적』.
18　(재)대한문화재연구원, 2017, 『고창 칠암리고분』.

절두방대형, 원형 분구묘와 관련성뿐만 아니라 고대 한·일간의 문화교류를 파악할 수 있는 중요한 자료이면서 영산강 유역권과 비슷한 문화양상이 나타나고 있다.

2) 건마국의 재검토

익산 중심의 건마국과 관련해서는 고조선 준(準)의 후손이 절멸하자 마한 사람이 다시 자립하여 왕이 되었는데, 이곳에서 "마한인"이란 익산지역의 선주 토착세력으로 이들이 연맹체의 주도권을 장악했다는 것이다. 익산지역의 선주 토착세력은 이 지역에서 출토된 중국식동검이 중국과의 원거리 교역을 통해 소유하거나 모방하여 청동기를 제작할 수 있는 선진세력으로 보았다. 그리고 새로이 연맹체의 주도권을 잡은 건마국은 자신의 위상을 높이기 위하여 연맹체의 명칭을 "큰 한"이라는 "말한" 곧 "마한"으로 고쳤다는 것이다.[19]

마한의 중심 정치체의 성장과 변화와 관련해서는 익산의 건마국에서 직산의 목지국으로 직산의 목지국은 한강유역의 백제에 정복되는 단계로 이해하는 견해가 있다. 이에 따르면 금강이북에서 한강 이남의 사이에 존재하고 있었던 진국이 조선상(朝鮮相) 역계경(歷谿卿) 집단의 이주 충격파로 인하여 해체되는데, 이로 말미암아 건마국 중심의 마한이 한강 유역으로까지 영역을 확대했다는 것이다. 이후 건마국 중심의 마한의 맹주는 목지국 중심으로 넘어가게 되는데, 원래 이곳에는 진국이 있었기 때문에 한왕에서 진국의 왕인 진왕으로 변화된다는 것이다. 목지국의 고고학적 근거로는 천안 청당동 유적을 예시하고 있는데, 이곳에서 출토된 청동마형대구, 환두대도, 철모, 철촉 등 무구류와 중국에서 제작되었을 것으로 추정되는 곡봉형대구(曲棒形帶鉤)와 금박유리옥에서 활발한 교역

---

19 노중국, 2009, 「마한의 성립과 변천」, 『마한, 숨쉬는 기록』, 국립전주박물관.

능력과 다른 지역보다 우월한 군사적 힘을 가지고 있었다고 보면서 마한의 맹주로 자리잡고 있었다는 견해를 제시하였다.

그러나 이병도는 건마국은 마한 후기의 맹주국으로서 백제와 신라시대에 금마저(金馬渚) 또는 금마군으로 불린 데서 건마국으로 비정하고 있다.[20] 이와는 달리 천관우는 정확하게 비정될 수 있는 소국의 위치를 기준으로 문헌기록에서 앞뒤로 배치된 소국은 멀리 떨어질 수 없다고 이해하고 있다. 이를 근거로 임진강 방면에서 점차로 남하하여 전남 해안 방면에 이르는 곧 북에서 남으로 내려오는 법칙성에 따라 소국명이 기술되어 있다는 것이다. 이렇게 보면 건마국은 소국명 중 거의 끝에 배치되기 때문에 전라남도 장흥에 비정된다고 해석하고 있다. 이와 같이 건마국을 이른 단계의 마한 소국으로 이해하거나 마한 후기의 맹주국으로 보는 견해에서도 차이를 보이며, 오늘날 익산과 장흥지역은 매우 떨어진 지역으로서 실체적 진실에 접근하기에는 거리감이 없지 않다.

이에 대해 몇 가지 의문을 제기할 수 있는데, 우선 익산지역이 마한 성립 당시의 명칭이 과연 건마국일 것인가 하는 점이다. 건마국을 마한 후기의 맹주국이며 익산으로 비정한 이래,[21] 특별한 비판 없이 건마국은 익산일 것으로 인식해 왔다. 이러한 근거는 현재의 지명인 금마(金馬)와 건마(乾馬)의 음운이 비슷한 데서 비롯된 것인데, "건마(乾馬)"의 음이 "금마(金馬)" "고마(古馬)"의 어느 편에 가깝다는 아무런 보장이 없다는 것이다. 삼국지의 국명 열거 순서가 북에서 남이라는 방향에 착안하여 감해(感奚)를 익산에 비정하고, 마한 54개국 열거의 마지막 순서에 가까운 건마를 장흥의 백제 때 명칭인 고마지현(古馬彌知縣)이나 신라 때의 마읍현(馬邑縣)이라는 점에서 이 일대를 건마국으로 비정하고 있기도

---

20 이병도, 1976, 「삼한의 제소국문제」, 『한국고대사연구』, 박영사.
21 이병도, 1976, 전게서.

하다.[22]

　나당연합군에 의해 백제가 멸망한 후 옛 백제 영토였던 공주 지방에 웅진도 독부를 설치하고 도독부 직할의 13현과 지방 7주 등을 설치했다. 그 가운데 노 산주(魯山州)는 논산의 고지명인 노성과 유사하나 익산 일대로 비정된다. 특히 노산현은 마한 소국의 감해국(感奚國)에서 백제시대 감물아현(甘勿阿縣)을 지칭 하는 것으로 익산 함열 일대를 일컫는 지명이다. 또한, 노산주의 속현인 지모현 (支牟縣)은 본래 지마마지(只馬馬知)를 일컫고 있는데, 「관세음응험기(觀世音應驗 記)」에 정관(貞觀)13년(639) 백제 무강왕(武康王)이 현재의 금마지역인 지모밀지 (枳慕蜜地)로 천도했다고 기록하고 있다. 다시 말하면 마한의 성립과 준왕의 남 천지로 비정되는 금마 일대는 백제시대에는 지마마지 혹은 지모밀지에서 금마 저(金馬渚)로 그리고 신라시대에 지모현으로 개칭되었다가 다시 금마군으로 불 렸다는 것을 알 수 있다. 한편, 중국 상해의 방언에서 支牟와 金馬의 발음이 "jin mou"로 동일하게 발음하고 있음이 확인된다. 또한, 현대의 중국어로도 "乾" 은 "qian"이나 "gan"으로 발음되고, "金"은 "jin"으로 발음되고 있어 전혀 다르다 는 것을 알 수 있다. 따라서 오늘날 현대어인 금마와 건마의 유사한 음운에서 동일 지역을 지칭한다고 볼 수 없으므로 금마 일대가 마한 소국 가운데 건마국 으로 비정하는 것에 대해서는 신중한 검토가 요망된다.

　한편 『후한서』의 "準後絶滅馬韓人復自立爲辰王"의 기사에서 마한인은 선주 토착세력을 의미하며, 다시 연맹체의 주도권을 장악한 것으로 그 핵심적인 역 할을 한 세력은 익산을 기반으로 성장한 건마국으로 상정하고 있다. 하지만 건 마국의 명칭은 3세기 중엽에 쓰여진 『삼국지』에 처음 등장하며, 기록된 소국명 은 3세기 중엽경의 양상일 가능성이 크다. 문헌자료나 고고학 자료에서 마한

22　천관우, 1989, 「마한제국의 위치시론」, 『고조선사·삼한사연구』, 일조각.

의 성립 시기는 B.C. 3세기경에 해당한다. 그렇다면 건마국이 등장하는 기원후 3세기 중엽까지 약 600여 년 동안 건마국이란 명칭으로 존재하고 있는 셈이 된다. 그런데 지금까지 고고학적 성과로 보면 익산지역에서는 마한의 성립과 관련된 토광묘 축조집단 이후, 특히 3~4세기에는 다른 지역과 뚜렷하게 구분될 정도의 우월적 지위를 갖는 자료가 발견되지 않고 있다. 따라서 『삼국지』에 마한의 국명으로 등장하는 건마국의 위치 비정에 대한 새로운 검토가 요망되며, 이를 건마국이 익산이라는 전제로 전개된 마한의 성장과 세력변천에 대한 견해도 재고되어야 할 여지가 있는 것으로 생각된다.

2. 전남지역의 마한제국

전남지역에는 영산강유역을 중심으로 마한 관련 유적들이 집중적으로 분포하고 있어 일찍부터 영산강 고대 문화권으로 설정되면서 조사 및 연구가 진행되어 왔다. 『삼국지』 위서 동이전 한조에 기록된 54개국 가운데 영산강 유역에는 13개 정도의 소국이 위치하는 것으로 파악하고 있다. 그러나 문헌을 바탕으로 마한 소국 중심의 구조나 규모, 변천과정, 백제에 복속과정 등의 연구는 문헌자료의 절대적 빈곤으로 인해 접근조차 어려운 실정이다. 1980년대 이후 영산강유역에 대한 지속적인 고고학적 성과에 힘입어 청동기시대 지석묘 문화를 뒤이어 대규모 옹관묘와 이 지역의 특징을 가지는 석실분이 축조되고 있고, 그 주체는 마한으로 특정할 수 있게 되었다. 영산강유역의 마한문화는 백제와는 뚜렷이 구별되는 요소들을 담고 있어 이 지역의 정치적 성격에 대해서도 백제와 전혀 다른 정체성을 가진 정치체로 이해하려는 경향도 있어 왔다. 나아가 영산강유역 대형 옹관묘 사회의 마한을 삼국시대의 고구려·백제·신라와 대등한 위치에 두고 비교연구 하려는 일부의 시각도 있는데, 그것은 그만큼 영산강유역 마한문화의 독창성에서 기인한다 할 것이다.

영산강유역의 마한 소국 가운데 문헌자료에 보이고 있는 것은 3세기 후반경 신미국(新彌國)과 4세기 중엽의 침미다례(忱彌多禮)를 들 수 있다. 먼저 신미국과 관련해서는 『진서(晉書)』 장화(張華) 열전에 상서(尙書) 장화(232~300년)가 유주도독으로 재임하고 있던 때에 마한의 신미국을 비롯하여 20여 국이 조공한 내용을 기록[23]한 것이다. 그리고 침미다례(忱彌多禮)와 관련된 문헌자료는 『일본서기』 신공기 49년조의 "군사를 옮겨 서쪽을 돌아 고해진(古奚津)에 가서 남만(南蠻)의 침미다례(忱彌多禮)를 무찔러 백제에 주었다. 이에 왕인 초고(肖古)와 왕자 귀수(貴須)가 또한 군사를 이끌고 와서 모였다. 비리(比利), 벽중(辟中), 포미지(布彌支), 반고(半古)의 사읍은 스스로 항복하였다"라는 기사[24]가 보인다. 이 내용을 그대로 읽어 그 주체를 왜(倭)로 보고 있으나,[25] 이 기사가 천황중심사관으로 기술되는 등, 내용상의 논리적 모순 때문에[26] 대부분 연구자들은 왜가 주체가 아니라 백제 근초고왕대에 마한 영역을 병합하는 내용으로 이해하고 있다.

이와 같이 문헌에 보이는 신미국과 침미다례가 동일한 소국을 지칭하고 있는 것에 대한 많은 논의가 있었는데, 대체로 동일체로서 마한의 소국을 지칭하는 것으로 보고 있다. 신미국 자체는 영산강유역에 위치한 20여 국 가운데 핵심적인 국으로 보고 있으나 신미제국을 지역연맹체로 상정하고 있으므로 영산강유

---

23 『晉書』 권36 "東夷馬韓新彌諸國等 依山大海 去州四千餘里 歷世未附者 二十餘國 并遣使朝獻"

24 주 5와 같은 기사 참조.

25 末松保和, 1949, 『任那興亡史』, 吉川弘文館.

26 김기섭, 2013, 「백제 남장영역 확장과 전남지역」, 『전남지역 마한제국의 사회 성격과 백제』, 백제학회.

역 전체를 염두에 두고 있다고 생각되며 그런 면에서 영산강유역설과 통하는 면이 있다. 그렇다면 침미다례는 영산강유역의 어느 지역에 위치하고 있었가에 대한 관심을 둘 수밖에 없는데,『일본서기』신공기 49년조에 따르면 고해진을 거쳐 남만(南蠻)의 침미다례를 도륙했다 한 것으로 보아 일본 학자들은 고해진의 위치를 강진으로 침미다례의 위치를 제주로 비정한 바 있다. 이는 일본어 음독을 바탕으로 위치를 비정했던 견해로서 이에 대한 비판이 제기되면서 고해진(古奚津)은 강진·해남으로[27] 침미다례는 해남으로 비정하는 경향이 우세하였다. 그러나 최근에는 고고학적 자료를 근거로 침미다례의 위치를 지석묘가 밀집되어 있고, 삼국시대 안동고분을 비롯한 20여 군집분이 조성되어 있으며, 특히 안동고분에서 금동관모 및 금동신발이 출토된 고흥지역으로 비정하기도 한다.[28]

다음 표는 소국명과 지명에 대한 음운학적인 비교와『삼국지』에 표기된 순서를 지리적 위치에 대입한 결과 도출된 마한 소국명을 표로서 정리한 것이다.

표 3 전남지역의 마한소국 위치 비정표

	지명	소국명	소국명	소국명
1	영광	막로국(莫盧國)(1/1)		
2	장성	구해국(狗奚國)(1/3)		
3	장성 진원	구사오단국(臼斯烏旦國)(3/4)		
4	무안	임소반국(臨素半國)(1/4)		
5	광주. 나주?	임소반국(臨素半國)(1/4)		
6	나주	신운신국(臣雲新國)(2/3)		

27　양기석, 2013,「전남지역 마한사회와 백제」,『백제의 국제관계』, 서경문화사.
28　임영진, 2010,「침미다례의 위치에 대한 고고학적 고찰」,『백제문화』43, 백제학회.

	지명	소국명	소국명	소국명
7	나주 반남	속로불사국(速盧不斯國)(1/4)		
8	영암	일난국(一難國)(2/3)		
9	영암 시종	감해비리국(監奚卑離國)(1/4)		
10	강진	구해국(狗奚國)(1/3)		
11	해남 마산	구해국(狗奚國)(1/3)		
12	진도 군내	초산도비리국 (楚山塗卑離國)(1/4)		
13	담양	구소국(狗素國)(1/3)	초산도비리국 (楚山塗卑離國)(1/4)	
14	화순	치리국국(致利鞠國)(1/4)		
15	화순 능주	염로국(冉路國)(1/3)	여래비리국 (如來卑離國)(1/4)	일리국 (一離國)(1/3)
16	장흥	건마국(乾馬國)(1/3)		
17	장흥 회령	막로국(莫盧國)(1/3)		
18	곡성	여래비리국(如來卑離國)(1/4)		
19	곡성 옥과	소위건국(素謂乾國)(1/3)		
20	순천	첩로국(捷盧國)(1/3)		
21	순천 낙안	불사분사국(不斯濆邪國)(2/4)	신분고국 (臣濆沽國)(1/4)	
22	순천 주암	해지국(奚池國)(1/3)		
23	보성	벽비리국(闢卑離國)(2/4)	불운국(1/3)	
24	광양	막로국(莫盧國)(1/3)		
25	여수	해지국(奚池國)(1/3)		
26	여수 돌산	치리국국(致利鞠國)(1/4)		
27	고흥 남양	초리국(楚離國)(2/3)		

괄호안의 숫자는 예시한 전남지역을 지목한 연구자수/예시한 마한소국을 비정한 연구자 수를 의미함

표 3에서 보면 장성 진원을 구사오단국(臼斯烏旦國)으로 비정한 경우가 4명 가운데 3명이 같은 의견을 제시하고 있다. 그리고 2명이 의견을 같이하는 경우는 나주를 신운신국(臣雲新國), 영암을 일난국(一難國), 순천 낙안을 불사분사국(不斯濆邪國), 고흥 남양을 초리국(楚離國), 보성을 벽비리국(闢卑離國) 등이다. 그런데 벽비리국의 경우는 전북의 김제로 비정하는 견해가 많이 나타나고 있다는 점을 볼 때, 마한 소국의 위치 비정이 얼마나 어려운 작업인지 짐작케 하고 있다. 결국, 표에서 보듯이 문헌자료의 비교를 통해서 마한 소국의 위치를 비정하는 것은 한계가 있음을 알 수 있게 한다.

따라서 고고학 자료를 통하여 마한 소국의 공간적 범위를 설정한 다음, 문헌자료와 비교해 본다면 어느 정도 마한 소국 위치 비정에 접근이 가능할 수 있지 않을까 기대해 본다. 먼저 전남지역에서 확인된 지석묘의 군집을 통해 천관우가 제시한 전남지역의 13개 마한 소국과 대비시켜 본 견해가 주목된다. 그 내용을 보면 전남지역에서 조사된 1,991개 군집의 16,369기의 지석묘를 분석하여 직경 5km 범위의 소밀집권 86개와 직경 20km 범위의 대밀집권 25개를 구분하였다. 이를 토대로 전남지역의 마한 소국으로 비정한 13개국 가운데 11개 지역에서 지석묘가 500~600여 기 분포하고 있어 지석묘 사회에서 마한 사회로 전환되는 관련성이 있는 것으로 볼 수 있다는 것이다.[29]

이후 백제의 발전은 마한 54개 소국을 병합하는 과정으로 이해하면서 백제의 지방 조직이 22담로에서 37개 군으로 바뀐 역사적 기록을 토대로 마한 54개 소국의 변화를 전제로 고고학 자료를 통해 전남지역의 마한 소국에 대한 접근이 이루어졌다.[30] 이에 따르면 37군에서 무주 13군을 제외하고 웅주와 전주를 합하

---

29 이영문, 1993,『전남지방 지석묘 사회의 연구』, 한국교원대학교 박사학위논문.
30 임영진, 2013,「고고학 자료로 본 전남지역 마한 소국의 위치」,『전남지역 마한 소국과 백제』, 학연문화사.

표 4 고고학 자료로 본 추정 마한 소국(전남지역)

구분	권역	주요 고고학 자료			비고(기존 비정지)	
		목관·옹관묘	석실묘	주거지	천관우설(문헌)	이영문설(지석묘)
1	와탄천권 (영광)	영광 군동·수동	영광 옥녀봉·월계	영광 군동·마전·운당	莫盧國	영광
2	함평만권 (무안·함평)	무안 맥포, 함평 중랑	무안 사창·태봉	무안 평림·용교, 함평 소명·중랑		
3	삼포강권 (나주·영암)	나주 반남, 영암 시종	나주 흥덕리, 영암 내동리	영암 신연리		
4	영암천권 (영암)	영암 금계리·선황리	영암 남산리·조감	영암 선황리	一難國	영암 월출산 일대
5	영산강중류권 (나주·함평)	나주 복암리, 함평 월야	나주 복암·동곡, 함평 석계	나주 복암리	臨素半國? 臣雲新國?	함평 나산 일대 나주 다시 일대
6	황룡강·극락강권 (광주)	광주 평동·하남동	광주 각화·월계·명화동	광주 동림·산정·선암·쌍촌·하남		
7	영산강상류권 (담양)	담양 태목리·서옥	담양 제월·고성리	담양 태목리·성산리		
8	지석천권 (나주·화순)	화순 연양리	화순 능주	나주 도민동·신평, 화순 운포	如來卑離國	화순 지석천 일대
9	백포만권 (해남)	해남 분토·신금	해남 조산·용두리	해남 신금·분토	狗溪國	해남 마산면 일대
10	도암만권 (강진·장흥)	장흥 신풍·상방촌	강진 벌정리, 장흥 충열리	강진 양유동, 장흥 상방촌	乾馬國	장흥
11	여자만권 (보성)	보성 구주	보성 수당	보성 조성리	不斯濆邪國	
12	고흥반도권 (고흥)	고흥 석봉리	고흥 안동·야막·동촌	고흥 방사·신양·한동	楚離國	고흥
13	순천만권 (순천)	순천 운평리	순천 옥전동	순천 덕암동·송산·운평리		
14	광양만권 (여수·광양)	광양 도월리	여수 여산	광양 도월리·칠성리	爰池國	여수
	(장성지역)	장성 환교	장성 영천·학성리	장성 환교·장산리	古臘國	
	(곡성지역)		곡성 봉산리·보청			
	(보성강권)			순천 대곡리	不雲國	순천 송광면
	(신안지역)		신안 도창·안좌			
	(진도지역)				楚山塗卑離國	진도

출처 : 임영진, 2013, 「전남지역 마한 소국과 백제 : 고고학 자료로 본 전남지역 마한 소국의 수와 위치 시론」, 『백제학보』 9, 백제학회, 8쪽 〈표 2〉 인용

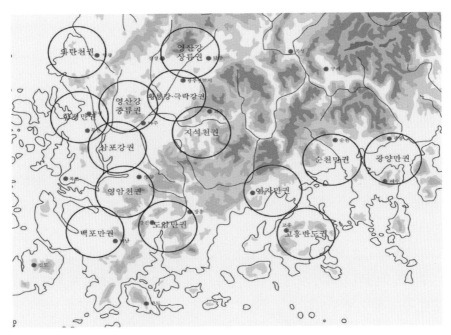

고고학 자료로 본 전남 지역의 마한소국 (임영진, 2013, 앞의 논문, 9쪽 〈그림 1〉인용)

면 23개 군으로서 22담로와는 1개 군 밖에 차이가 나지 않는다. 그렇기 때문에 6세기 초 백제 22담로는 충청과 전북지역을 벗어나지 않았을 가능성이 크며, 전북 서남부에 12~13개 군이 있다고 가정하면, 전남에는 13~14개 군이 있었던 셈이 된다. 이러한 전제로 백제에 의해 마한 소국이 점차 병합이 이루어졌다고 하더라도 소국 중심지에서는 큰 변화가 일어나지 않았을 가능성이 클 것으로 추정하였다. 따라서 전남지역에는 13~14개 마한 소국이 자리잡고 있다고 추정하였다.

3. 기층문화 마한과 백제

1) 영산강유역 마한과 백제

마한의 소멸에 대해서는 일반적으로 문헌자료를 근거로 4세기 중엽 근초고왕 대에 백제에 병합된 것으로 인식되어 왔다. 이는 곧 전북지역에서 영산강유역 과 제주도에 이르기까지 백제가 마한지역을 영역화한 시점을 말해주는 것이다. 한편 마한의 소멸과 관련된 고고학적인 증거로는 백제의 중앙묘제인 횡혈식석 실분이 확산하여 축조되는 공간적 범위를 백제의 마한사회 영역화의 표지로 보 기도 한다.

그러나 영산강유역을 중심으로 발견된 고고학적인 자료를 보면 4세기 중엽 이후에도 백제의 묘제가 아닌 마한 분구묘가 지속적으로 축조되고 있음이 확인 된다. 따라서 백제에 의한 마한지역의 복속화는 5세기 말 심지어 6세기 전반까 지도 이루어지지 못했다는 견해도 제시되고 있는 실정이다. 이러한 양상은 전 북 고창지역에서도 영산강유역과 같이 정치적 위상을 담고 있는 대형 분구묘들 이 군집을 이루거나 혹은 단독분으로 넓은 지역에 분포하고 있음도 확인된다.

영산강유역을 중심으로 본격적인 대형 고분들의 등장 시점은 5세기대로 볼 수 있다. 먼저 분구의 조성을 통해 대략적인 형태가 만들어진 후 매장시설의 안 치가 이루어지는데, 석실이 등장함에 따라 일정부분 성토를 통해 기반을 조성 한 후 석실의 축조와 분구의 성토가 동시에 이루어지는 양상도 다수 확인된다. 대형 고분들은 영산강을 중심으로 영산강의 지류인 삼포천 남쪽에 인접한 나주 반남면 일원 및 영암 시종면 일원과 영산강 중류 북쪽의 나주 다시면 일원 그리 고 영산강 주변의 무안, 함평, 영산강 상류에 해당되는 광주 일원에 밀집 분포 하고 있다.

나주 반남면 일원은 금동관과 금동식리가 출토된 나주 신촌리 9호분[31]을 중심으로 주변에는 덕산리 고분 7~14호, 북쪽으로는 덕산리 고분 1~6호, 북서쪽에는 신촌리 고분 1~7호, 자미산 서편으로는 대안리 고분 1~12호분이 자리하고 있다. 분형은 방대형과 원형이 주를 이루고, 신촌리 4~6호분, 대안리 2호분에서 제형이 확인된다. 매장시설은 대체로 U자형 전용옹관이 사용되며, 일부 원형분에서는 늦은 시기에 출현하는 백제계 석실이 축조되고 있다. 특히, 신촌리 9호분과 대안리 9호분은 분형이 방대형으로 규모는 한 변이 30m 이상의 대형에 속하며, 매장시설로는 각각 U자형 전용옹관이 11기, 9기가 확인되었다. 신촌리 9호분 을관에서 출토된 금동관 및 금동식리, 금제삼엽문환두대도는 최상위 위세품으로 반남면 일원 군집의 정점으로 볼 수 있는 방대형 고분이라 할 수 있다.

영산강 중류의 북쪽에 해당되는 나주 다시면 일원에는 나주 복암리, 영동리, 정촌고분, 가흥리 신흥, 동곡리 횡산고분 등이 분포하고 있다. 나주 복암리 3호분은 40여 기의 매장시설이 조성된 집합체로 선행기의 고식옹관을 시작으로 옹관과 목관묘가 매장시설로 병용되던 단계를 지나 새롭게 횡혈식석실이 조성된다. 복암리 3호분의 96석실은 하단에 큰 장대석을 두고 장대할석을 이용해 네 벽을 기울여 쌓은 구조로 벽석은 소할석과 회를 발라 채웠으며, 현문은 문인방과 문설주, 문지방을 갖춘 문틀구조를 이루고 있다. 내부에는 U자형의 전용옹관이 4기가 안치되면서 새로운 석실의 도입과 함께 전통적 묘제인 옹관이 매장되는 양상을 확인되고 있다.

석실의 구조는 영산강식 석실로 백제계 석실과는 계통을 달리하며, 이러한 석실구조는 주변에 위치하는 나주 정촌고분의 석실에서도 동일한 구조가 확인

---

31 국립문화재연구소, 2001, 『나주 신촌리 9호분』.

되고 있다. 나주 정촌고분의 석실은 규모가 가장 크며, 3차례의 추가장이 이루어졌는데, 복암리 3호분 96석실과 같이 정촌고분의 석실에서도 금동신발 등의 최상위 위세품이 출토되었다. 이후 축조과정에서 복암리 3호분과 정촌고분[32]은 백제계 석실의 축조가 이루어지는데, 복암리 3호분 정상부의 1·2호 방형 석실과 분구의 가장자리를 따라 6세기 중엽 이후 능산리식의 횡혈식석실이 본격적으로 조성되고 있다. 정촌고분도 2호와 3호 석실은 복암리와 동일한 형태의 횡혈식석실이 축조되며, 나주 복암리 1호분은 원형분으로 분구 중에 횡혈식석실이 위치하는데 백제계 횡혈식석실로 볼 수 있다. 이러한 양상은 나주 영동리 고분군[33]에서도 확인된다. 영동리 4호분의 경우 목관과 U자형 전용옹관을 중심매장시설로 최초 제형분에서 점차 확장이 진행되면서 방대형분으로 완성되며, 이후 주변에 위치하는 영동리 1호분에서는 중심에 영산강식 석실이 축조되고 그 주변으로는 정촌고분 2·3호석실과 유사한 형태의 횡혈식석실이 조성되는 양상을 띠면서 수혈식 석곽과 옹관 등 다양한 형태의 매장시설이 공존하고 있다. 영산강식석실의 조성은 대체로 5세기 후엽 경부터 이루어지는 것으로 보며, 백제계횡혈식 석실의 조성은 6세기 중엽 이후에 백제와의 적극적인 관계 속에서 나타나는 것으로 인식하고 있다.

앞에서 살펴본 고고학 자료를 살펴보면 근초고왕의 남정 이후 영산강유역의 세력집단은 고고학적으로 볼 때 큰 변화가 감지되지 않는데 오히려 영암의 시종이나 나주 반남 일대에서는 대형 분구묘가 축조되고 있다. 그것은 재지 세력인 마한이 백제에 크게 장악되지 않은 것으로 볼 수 있다. 또한, 영산강유역의 물질문화 요소도 크게 달라지지 않는데, 이는 당시 백제의 영산강유역의 지배

---

32 국립나주문화재연구소, 2017, 『나주 복암리 정촌고분』.

33 동신대학교박물관, 2011, 『나주 영동리 고분군』.

양상을 반영해 주는 것으로 보인다. 이를 통해 근초고왕의 남정 목적에는 이 지역을 영역 지배하려는 의도가 있지 않음을 보여준다. 백제는 이 남정을 통해 고구려와의 전쟁에서 필요한 물자를 동원할 수 있는 배후 기지를 확보하려는 데 있었다는 것이다. 곧 가야는 물론 왜와도 연결하여 이들 세력을 유사시에 백제의 배후 지원세력으로 가능하도록 백제의 세력권 내지 영향권 내에 묶어두기 위한 것으로 보기도 한다. 이러한 배경 하에서 영산강유역의 세력들은 백제에 일정한 공납물을 제공하거나, 또는 영향권에 들어 있으면서 재지적인 전통 위에 독자성을 유지하는 간접지배 단계에 놓여 있었던 것으로 볼 수 있다는 것이다.[34]

2) 백제 중방 고사성 설치

가) 마한의 기층문화

백제의 중요한 거점 지역이었던 정읍 고부를 중심으로는 마한의 분구묘와 백제의 석축묘가 각각 군집을 이루고 영역을 달리 분포하면서 마한의 기층세력에서 백제의 지방통치체제로의 전환을 읽어낼 수 있는 매우 중요한 지표가 되는 지역이다. 한편, 이 지역에서 묘제의 변화뿐 아니라 표식 유적의 연계 관계를 통하여 사비시대 이후 지방통치의 중요한 거점이었던 중방 고사부리성의 설치 배경 및 그 양상을 살필 수 있다.

　마한 후기 단계에 해당하는 정읍 영원면 지사리 고분군과 운학리 고분군의 존재는 마한 분구묘의 기층문화가 이 일원에 형성되어 있었음을 보여주는 적극적인 증거라 할 수 있다. 대형에 가까운 분구의 존재와 매장시설의 안치방법 그리고 저평한 구릉의 정상을 따라 분포하는 입지와 백제 중방성이 설치될 정도

---

34 양기석, 2013, 「전남지역 마한사회와 백제」, 『전남지역 마한 소국과 백제』, 학연문화사.

의 거점 지역 등의 여러 여건은 분명, 이 일원을 중심으로 유력한 마한토착 세력이 문화를 이루고 있었다는 점을 추정할 수 있다. 한편, 주변은 백제 중방 설치와 관련하여 천태산과 매봉을 중심으로 200기가 넘게 산속에 분포하고 있는 백제 석축묘의 최대 밀집 지역이기도 하다. 이러한 현상은 백제의 중방설치를 기점으로 백제의 중앙 문화가 대거 유입되어 변화되는 과정이 나타나는 것으로 볼 수 있다.

김제 벽골제를 축조한 집단에 대해서는 풍납토성의 축조에서 부엽공법을 사용하고 있는 등, 거대한 토성을 축조할 수 있는 기술력과 대규모 노동력의 동원 능력을 백제가 가지고 있었기 때문에 벽골제 축조 조건이 이미 3세기 무렵 갖추어져 있었던 것으로 파악하였다. 곧 벽골제의 축조 주체세력을 백제의 중앙세력으로 파악하고 있었다. 그러나 풍납토성 축조방법은 사다리꼴과 비슷한 형태의 중심 토루를 구축한 후, 토루를 중심으로 내벽과 외벽을 덧붙여서 쌓아 나가는 방식이다. 이처럼 여러 겹의 토루를 덧붙여서 전체 성벽을 완성하는 방법이야말로 풍납토성 성벽의 가장 특징적인 축조방식이라 할 수 있는데, 이 방법은 중국 선사시대 성지의 성벽 축조방법과 크게 다르지 않다. 이외에 역경사판축법, 기조법, 부엽법, 지정법, 부석과 석축 등을 이용하여 풍납토성을 축조한 것으로 파악하고 있다.

벽골제 축조방법은 풍납토성에서 사용하고 있는 다양한 공법보다는 오히려 호남 서해안지역에 분포하는 마한 분구묘의 축조방법에서 그 공통점을 찾을 수 있다. 3세기 말로 편년되는 영암 내동리 초분골 1호분의 분구성토는 황색점토와 회갈색 점토, 그리고 암적색 사질토를 번갈아 성토하였다. 4세기 전반에서 후반에 걸치는 것으로 추정되는 신연리 9호분의 분구 성토는 먼저 주구 굴착토를 기본적으로 쌓고, 분구의 중심부 층위는 얇은 표토층 아래에 굵은 사립을 섞은 황갈색 사질점토층, 그 아래에는 적황색 사질토층과 황적색 사질토층, 회갈색 점토층, 지반토인 생토층으로 되어 있다. 최근 조사가 이루어진 영암 옥야리 방대형 고분은 분구축조과정에서 점토 덩어리를 이용하여 방사상으로 구획한 다음 그 구획 내에 동심원상으로 점토 덩어리로 분구를 견고하도록 보강하고 있다. 이러한 축조방법을 비교해 보면 벽골제 축조 주체는 마한계 세력으로 추정될 수 있는데, 곧 정읍 고부 일원의 구소국(狗素國) 혹은 고리국(古離國)과 김제의 벽비리국(辟卑離國)으로 상정할 수 있으며, 강력한 경제적 기반을 갖추고 있었을 것으로 추정된다. 이러한 정치·경제적 기반을 배경으로 사비시대에 들어서 이곳이 바로 백제 지방통치의 중심인 중방성『古沙城』을 두게 되는 것이다.[35]

백제의 산성으로 알려진 부안 백산성은 3차에 걸친 발굴조사 결과,[36] 당초 예상되었던 백제시대의 성벽은 확인되지 않았다. 1, 2차 조사를 통해 방어시설로 판단되는 3중의 다중환호와 원삼국시대 건물지 17기, 그리고 구상유구와 주혈군이 확인되었다. 출토유물은 마한계의 완, 장란형토기, 발, 주구토기, 시루 등 자비용기가 주를 이루고 있다. 특히 쌀, 밀, 보리, 조, 콩, 팥 등의 탄화작물종자와 다양한 잡초종자, 동물의 뼈 등이 다량으로 출토되었다. 이러한 다양한 종류의 곡물류는 바로 이곳이 농산물의 집산지가 되었다는 사실을 뒷받침하는 적극적인 자료인 것이다. 특히『신증동국여지승람』의 부안현 산천조에 동진을 통진이라고 부르고 있었다는 점은 발음에서 유사성도 있지만 통진이라는 명칭은 사방으로 통한다는 의미도 내포하고 있기도 하다. 따라서 농산물 집산지로서 유통의 거점으로 파악이 가능하며, 그 연대는 3세기 말에서 4세기 초에 해당하는 마한계의 토기가 다량으로 출토되고 있어 벽골제의 연대와 비교되고 있다.

---

35 최완규, 2013,「김제 벽골제와 백제 중방성」,『호남고고학보』 44, 호남고고학회.

36 (재)전북문화재연구원, 2011,『부안 백산성 Ⅱ』.

김제 벽골제는 정읍 영원면 일대의 분구묘를 축조한 집단의 경제적인 배경이 되었고, 부안 백산성은 유통의 거점으로서 당시 이 일대의 풍요하고 강성했던 지방세력의 단면을 그려낼 수 있다. 그렇기 때문에 근초고왕이 마한세력의 병합과정에서 이곳에 들러 맹세할 정도로 매우 중요하게 여길 수밖에 없었고, 사비기 이후 이곳은 백제 오방성 중 중방으로 자리잡게 되는 배경이 되었다.

나) 백제 중방 고사성 설치

사비시대의 지방통치체제는 '5方 37郡 200城'으로 편제되게 되는데, 오방성에 대한 기록은 중국측 사서인 『周書』, 『隨書』, 『北史』, 『翰苑』 등에 보인다. 이에 따르면 오방은 중방성, 동방성, 남방성, 서방성, 북방성으로 나뉘는데, 동방성은 은진으로, 북방성은 공주로, 중방성은 고부지역으로 비정하는데 대체적인 의견이 일치되고 있다. 다만, 서방성과 남방성에 대해서는 아직 논쟁의 여지들이 있는 듯하다.

고부지역은 오방 가운데 중방인 고사성(古沙城)에 해당하는데, 이러한 사실을 뒷받침하는 고고학적 자료들이 최근 고부 구읍성에 대한 4차에 걸친 발굴조사에서 속속 밝혀지고 있다. 또한, 은선리와 신정동에 집중적으로 분포되어있는 백제 중앙묘제인 횡혈식석실분을 통해서도 백제 중앙문화의 수용양상을 살필 수가 있다. 은선리 고분군은 웅진 2식을 선행으로 웅진 2식과 사비 2식이 축조되었는데, 사비천도 이후 이 지역이 오방성 가운데 중방 고사부리성으로서 위치를 가지는 시기에 백제 중앙과 밀접한 관계를 맺는 세력집단에 의해 6세기 중엽 경에 축조된 것으로 추정된다. 이후 이 지역에서 이루어진 정밀지표조사결과 백제시대의 고분으로 추정되는 유적이 13개소에서 124기가 확인되었는데,[37]

---

37 (재)전북문화재연구원, 2003, 『정읍 영원면 문화유적지표조사보고서』.

중방성관내 주요유적 분포도

이는 금강 이남에서 가장 밀집도가 높은 백제 고분군에 해당한다. 이와 같이 대
규모 백제 고분군이 축조된 것은 바로 이 지역이 백제 중앙과 밀접한 관계 속에
서 주요한 지방통치의 거점이었음을 확인할 수 있는 것이다.

한편 정읍 신정동[38]과 고창 오호리 고분군[39]에서 웅진 2식의 횡혈식석실분이
군집으로 발견되고, 특히 오호리에서 『○義將軍之印』銘의 청동 인장이 출토됨
에 따라 백제 중앙에서 파견된 지방관과 관련 있을 것으로 추정하고 있다. 이들
유적은 고사성을 중심으로 외곽에 거점으로 배치되어 영산강유역의 마한계 세

---

38 원광대학교 마한·백제문화연구소, 2005, 『정읍 신정동 유적』.
39 (재)전북문화재연구원, 2009, 『고창 석교리·오호리』.

력을 견제와 통치를 위한 포석일 수 있으며, 동시에 중방성의 하부조식의 행정단위의 거점이었을 가능성도 배제할 수 없다.

또한 백제는 수도인 사비뿐만 아니라 지방 거점이나 주요 교통로에는 불상을 조성했는데, 고사부리성 인근 소성리의 2구의 불상입상이 이를 뒷받침하고 있다. 이외에도 금사동산성, 은선리 토성 등 산성도 백제 중방 고사성을 지지하고 있는 고고학적 자료들이다. 따라서 백제 오방성 가운데 유일하게 치소를 특정할 수 있는 중방 고사성의 구성요소에서 보면 치소에 해당하는 산성과 이를 지지하는 주변의 성곽, 사비시대의 횡혈식석실분이 대규모 군집을 이루고 있으며, 통치이념으로서 작용한 불교의 불상, 그리고 경제적으로 뒷받침할 수 있는 유적 등을 들 수 있다. 또한 방성이 설치되는 곳은 지리적인 조건은 우선 교통의 중심지로서 입지를 갖추고 있는 것이다. 결국 중방 고사성의 기층문화는 마한문화로서, 이를 기반으로 중방성을 설치하고 영산강 유역에 있던 마한계의 잔여세력에 대한 견제와 통제를 위해 설치되었을 것으로 추정할 수 있다.

참고문헌

『三國志』魏書 東夷傳 韓條
『後漢書』東夷列傳 韓條

논문

강병학, 2005, 「한반도 선사시대 굽다리토기 연구」, 『고문화』 66집, 한국대학박물관협회.

김경택, 2014, 「청동기시대 복합사회 등장에 관한 일 고찰 : 송국리유적을 중심으로」, 『호남고고학보』 46, 호남고고학회.

김기섭, 2013, 「백제 남장영역 확장과 전남지역」, 『전남지역 마한제국의 사회 성격과 백제』, 백제학회.

김승옥, 2001, 「금강유역 송국리형 묘제의 연구 : 석관묘·석개토광묘·옹관묘를 중심으로」, 『한국고고학보』 45, 한국고고학회.

김승옥, 2019, 「호남지역 마한과 백제, 그리고 가야의 상호관계」, 『호남고고학보』 63, 호남고고학회.

김원룡, 1977, 「익산지역의 청동기문화」, 『마한·백제문화』 제2집, 원광대학교 마한·백제문화연구소.

김원룡, 1990, 「마한고고학의 현상과 과제」, 『마한·백제문화』 제12집, 원광대학교 마한·백제문화연구소.

김태곤, 1990, 「소도의 종교민속학적 조명」, 『마한·백제문화』 제12집, 원광대학교 마한·백제문화연구소.

노중국, 1987, 「마한의 성립과 변천」, 『마한·백제문화』 제10집, 원광대학교 마한·백제문화연구소.

노중국, 2009, 「마한의 성립과 변천」, 『마한, 숨쉬는 기록』, 국립전주박물관.

박순발, 1993, 「우리나라 초기철기문화의 전개과정에 대한 약간의 고찰」, 『고고미술사논
총』 3, 충북대학교 고고미술사학과.

박순발, 1998, 「전기 마한의 시·공간적 위치에 대하여」, 『마한사연구』, 충남대학교 출판부.

박순발, 2013, 「유물상으로 본 백제의 영역화 과정」, 『백제, 마한과 하나되다』, 한성백제
박물관.

박진일, 2000, 「원형점토대토기문화연구 – 호서 및 호남지역을 중심으로」, 『호남고고학
보』 12, 호남고고학회.

성낙준, 1997, 「옹관고분의 분형–방대형과 원형분을 중심으로–」, 『호남고고학보』 5, 호
남고고학회.

신채호, 1982, 「삼조선 분립시대」, 『조선상고사』, 진경환 주역, 인물연구소.

심수연, 2011, 「영남지역 출토 두형토기의 성격」, 『한국고고학보』 79, 한국고고학회.

안재호, 2014, 「송국리유형의 검토」, 『영남고고학』 11, 영남고고학회.

양기석, 2013, 「전남지역 마한사회와 백제」, 『백제학보』 9, 백제학회.

이건무, 1990, 「부여 합송리유적 출토일괄유물」, 『고고학지』 제2집, 한국고고미술연구소.

이건무, 1992, 「한국 청동기의 연구」, 『한국고고학보』 28, 한국고고학회.

이병도, 1976, 「삼한의 제소국문제」, 『한국고대사연구』, 박영사.

이영문, 1993, 『전남지방 지석묘 사회의 연구』, 한국교원대학교 박사학위논문.

이정호, 1997, 「전남지역의 옹관묘–대형옹관고분 변천과 그 의미에 대한 시론–」, 『호남
고고학보』 6, 호남고고학회.

이현혜, 1984, 『삼한사회형성사연구』, 일조각.

이현혜, 2007, 「마한사회의 형성과 발전」, 『백제의 기원과 건국』 백제문화사대계 연구총
서2, 충청남도역사문화연구원.

임영진, 2002, 「전남지역의 분구묘」, 『동아시아의 주구묘』, 호남고고학회 창립 10주년기
념 국제학술대회 발표요지, 호남고고학회.

임영진, 2010, 「침미다례의 위치에 대한 고고학적 고찰」, 『백제문화』 43, 백제학회.

임영진, 2013, 「전남지역 미한 소국과 백제 : 고고학 자료로 본 전남지역 마한 소국의 수
와 위치 시론」, 『백제학보』 9, 백제학회.

전영래, 1974, 「정읍운학리고분군」, 『전북유적조사보고』 3, 전주시립박물관.

전영래, 1987, 「금강유역 청동기문화권 신자료」, 『마한·백제문화』 제10집, 원광대학교 마한·백제문화연구소.

전영래, 1990, 「마한시대의 고고학과 문헌사학」, 『마한·백제문화』 제12집, 원광대학교 마한·백제문화연구소.

정광용·강형태·유종윤, 2002, 「금강유역 세형동검의 과학분석 (1)-청원 문의면 수습 세형동검-」, 『호서고고학보』 6·7, 호서고고학회.

정인보, 1935, 『조선사 연구』.

조진선, 2005, 『세형동검문화의 연구』, 학연문화사.

천관우, 1989, 「마한제국의 위치시론」, 『고조선사·삼한사연구』, 일조각.

최주·김수철·김정배, 1992, 「한국의 세형동검 및 동령의 금속학적 고찰과 납 동위원소 비법에 의한 원료산지 추정」, 『선사와 고대』 제3집, 한국고대학회.

최주·도정호·김수철·김선태·엄태윤·김정배, 1992, 「한국 세형동검의 미세구조 및 원료산지 추정」, 『ANALYYICAL SCIENCE & TECHNOLOGY』 Vol.5. No.2.

최주, 1996, 「슴베에 홈이 있는 비파형동검 및 비파형동모의 국산에 대하여」, 『선사와 고대』 제7집, 한국고대학회.

최완규, 1996, 「주구묘의 특징과 제문제」, 『고문화』 49집, 한국대학박물관협회.

최완규, 2000, 「호남지역 마한분묘유형과 전개」, 『호남고고학보』 11, 호남고고학회.

최완규, 2002, 「전북지방의 주구묘」, 『동아시아의 주구묘』 호남고고학회 창립10주년기념 국제학술회의, 호남고고학회.

최완규, 2006, 「정읍지역의 선사·고대문화」, 『전북의 역사문물전-정읍-』, 국립전주박물관.

최완규, 2009, 「마한분묘의 형성과 전북지역에서의 전개」, 『마한 숨쉬는 기록』 특별전도록, 국립전주박물관.

최완규, 2013, 「김제 벽골제와 백제 중방성」, 『호남고고학보』 44, 호남고고학회.

최완규, 2015, 「마한 성립의 고고학적 일고찰」, 『한국고대사연구』 79, 한국고대사학회.

최완규, 2016, 「백제 중방문화권 내 마한 기층문화와 백제」, 『정읍 속의 백제 중앙과 지방』, 정읍시·정읍문화원·전북문화재연구원.

한수영, 2011, 「만경강유역의 점토대토기문화기 목관묘 연구」, 『호남고고학보』 39, 호남
고고학회.

한옥민, 2020, 「고분자료에 보이는 마한 입주의례 성격」, 『호남고고학보』 66, 호남고고
학회.

홍윤식, 1988, 「마한 소도 신앙영역에서의 백제불교의 수용」, 『마한·백제문화』 제11집,
원광대학교 마한·백제문화연구소.

俞偉超, 1994, 「方形周溝墓と秦文化の關係について」, 『博古研究』 第 8號.

茂木雅博, 1984, 「方形周溝墓と墳丘墓」, 『季刊 考古學』 第9号.

末松保和, 1949, 『任那興亡史』, 吉川弘文館.

보고서

과학원출판사, 1963, 『고고학자료집』 제3집.

고려대학교 매장문화재연구소, 1997, 『관창리 주구묘』.

국립광주박물관, 1988, 『나주 반남고분군』.

국립광주박물관, 1990, 『영암 만수리 4호분』.

국립광주박물관, 1993, 『영암 신연리 9호분』.

국립부여문화재연구소, 1998, 『당정리』.

국립나주문화재연구소, 2012, 『영암 옥야리 방대형고분 제1호분』.

국립나주문화재연구소, 2017, 『나주 복암리 정촌고분』.

국립문화재연구소, 2001, 『나주 복암리 3호분』.

국립문화재연구소, 2001, 『나주 신촌리 9호분』.

동신대학교박물관, 2011, 『나주 영동리 고분군』.

목포대학교박물관, 2001, 『함평 월야 순촌유적』.

목포대학교박물관, 2001, 『영광 군동유적』.

목포대학교박물관, 2004, 『영암 금계리 유적』.

사회과학출판사, 1966, 『중국 동북지방 유적발굴조사보고』.

원광대학교 마한·백제문화연구소, 2000, 『익산 영등동 유적』.

원광대학교 마한·백제문화연구소, 2000, 『고창의 분구묘-분포 및 측량조사 보고서』.

원광대학교 마한·백제문화연구소, 2002, 『익산 율촌리 분구묘』.

원광대학교 마한·백제문화연구소, 2005, 『고창의 주구묘-신덕리Ⅲ-A, 도산리, 성남리
    Ⅲ·Ⅳ, 광대리 유적-』.

원광대학교 마한·백제문화연구소, 2005, 『정읍 신정동 유적』.

원광대학교 마한·백제문화연구소, 2005, 『익산 신동리유적-5·6·7지구-』.

원광대학교 마한·백제문화연구소, 2016, 『고창 봉덕리 1호분-종합보고서-』.

전남대학교박물관, 2002, 『나주 덕산리 고분군』.

전남대학교박물관, 2004, 『함평 예덕리 만가촌고분군』.

전북대학교박물관, 2003, 『부안 대동리·하입석리 유적』.

전북대학교박물관, 2010, 『완주 상운리Ⅰ·Ⅱ·Ⅲ』.

(재)대한문화재연구원, 2017, 『고창 칠암리고분』.

(재)전북문화재연구원, 2003, 『정읍 영원면 문화유적지표조사보고서』.

(재)전북문화재연구원, 2009, 『전주 장동유적 Ⅰ·Ⅱ』.

(재)전북문화재연구원, 2009, 『고창 석교리·오호리』.

(재)전북문화재연구원, 2011, 『김제 장화동 유적』.

(재)전북문화재연구원, 2011, 『부안 백산성Ⅱ』.

(재)전주문화유산연구원, 2014, 『고창 자룡리·석남리유적』.

(재)전주문화유산연구원, 2015, 『고창 금평리·왕촌리·고성리유적』.

(재)호남문화재연구원, 2003, 『나주 용호고분군』.

(재)호남문화재연구원, 2005, 『완주 갈동유적』.

(재)호남문화재연구원, 2007, 『나주 장등 유적』.

(재)호남문화재연구원, 2008, 『전주 마전유적(Ⅳ)』.

(재)호남문화재연구원, 2009, 『완주 갈동유적(Ⅱ)』.

兵庫県教育委員会, 1995, 『東武庫遺跡』, 兵庫県文化財調査報告 第150冊.

財団法人 京都府埋蔵文化財調査研究センター, 1999, 『下植野南遺跡』京都府遺跡調
    査報告書 25.

사진자료 제공처

저자가 촬영한 사진 이외의 출처는 다음과 같다.

고려대학교 고고환경연구소
원광대학교 마한 · 백제문화연구소
재단법인 전북문화재연구원

면	사진 캡션 / 사진자료 출처
24	완주 상운리 출토 각종 옥 / 전북대학교박물관, 2010, 『완주 상운리 I』, 원색사진 19
31	공주 장선리 토실유적 전경 / 문화재청 국가문화유산포털
31	공주 장선리 토실 세부 / 문화재청 국가문화유산포털
32	공주 장선리 토실 출토 토기 / 문화재청 국가문화유산포털
34	완주 갈동유적에서 확인된 토광묘 내부시설 / 한수영선생 제공
37	마한유적에서 발겨뇌는 '입대목' 흔적들 / 한옥민선생 제공
46	세형동검의 거푸집 / 문화재청 국가문화유산포털
65	나주 신촌리 9호분 / 국립문화재연구소, 2001, 『나주 신촌리 9호분』, 표지사진
92	군산 축동 분구묘 배치도 / 호남문화재연구원, 2006, 『군산 축동유적』, 도면 3
107	서울 풍납토성 성벽 축조상태 / 신희권교수 제공
110	완주 상운리 분구묘 유적 / 전북대학교박물관, 2010, 『완주 상운리 I』, 원색사진 3
112	완주 상운리 가, 나지구 출토 토기류 / 전북대학교박물관, 2010, 『완주 상운리 I』, 원색사진 17
112	완주 상운리 가, 나지구 출토 철기류 / 전북대학교박물관, 2010, 『완주 상운리 I』, 원색사진 18
132	나주 신촌리 9호분 옹관 매장상태 / 국립광주박물관, 1988, 『나주 반남고분군』, 도판 90
134	나주 신촌리 9호분 출토 금동관모 / 국립문화재연구소, 2001, 『나주 신촌리 9호분』, 원색사진 12
137	나주 복암리 3호분 발굴전경 / 국립나주문화재연구소, 2006, 『나주 복암리 3호분』, p.10, 11, p.20
139	나주 복암리 96석실 / 문화재청 국가문화유산포털
140	나주 복암리 3호분 백제 석실 / 문화재청 국가문화유산포털
141	나주 복암리 3호분 출토 금동신발 / 문화재청 국가문화유산포털
146	서산 부장리 분구묘 / 문화재청 국가문화유산포털
152	전주 마전 분구묘와 아파트 및 도로건설 / (재)호남문화재연구원, 2008, 『전주 마전유적(IV)』, 원색사진 5
152	문학대와 마전 분구묘 / (재)호남문화재연구원, 2008, 『전주 마전유적(IV)』, 원색사진 3
209	함평 만가촌 분구묘 / 전남대학교, 2004, 『함평 예덕리 만가촌고분군』, 원색사진 1